Este libro pertenece a

TIENES UN AMIGO EN JESÚS PARA CHICOS

UNA GUÍA PARA CONOCER Y AMAR A DIOS

JIM GEORGE

EDITORIAL
PORTAVOZ

La misión de Editorial Portavoz consiste en proporcionar productos de calidad —con integridad y excelencia—, desde una perspectiva bíblica y confiable, que animen a las personas a conocer y servir a Jesucristo.

Título del original: *You Always Have a Friend in Jesus for Boys* © 2016 por Jim George y publicado por Harvest House Publishers, Eugene, OR 97402. Traducido con permiso.

Edición en castellano: *Tienes un amigo en Jesús, para chicos*, © 2018 por Editorial Portavoz, filial de Kregel Inc., Grand Rapids, Michigan 49505. Todos los derechos reservados.

Traducción: Omayra Ortíz

Diseño de portada: Dogo Creativo

EDITORIAL PORTAVOZ
2450 Oak Industrial Drive NE
Grand Rapids, MI 49505 USA
Visítenos en: www.portavoz.com

ISBN 978-0-8254-5738-8 (rústica)
ISBN 978-0-8254-6633-5 (Kindle)
ISBN 978-0-8254-7450-7 (epub)

1 2 3 4 5 edición / año 27 26 25 24 23 22 21 20 19 18

Impreso en los Estados Unidos de América
Printed in the United States of America

Contenido

Jesús es tu amigo

Si describimos a Jesús solo como una persona especial, nos quedamos cortos. Tan pronto comiences a leer los libros del Nuevo Testamento en la Biblia (especialmente Mateo, Marcos, Lucas o Juan), descubrirás que las historias de Jesús contienen muchas lecciones que te muestran cualidades de su carácter y de su relación con las personas. Él trató a todo el mundo con bondad y ayudó a muchas personas que estaban enfermas… ¡y hasta algunas que ya habían muerto!

Jesús es el mejor maestro que jamás haya existido y la mejor persona que jamás haya vivido. Su vida, muerte y resurrección ha transformado la vida de millones de personas desde que Él regresó al cielo hace casi dos mil años atrás.

Hasta aquí tal vez estés de acuerdo y digas: «Sí, Jesús es una persona especial. Pero ¿qué significa eso para mí?». Para comenzar a responder esta pregunta, piensa en esto: la persona más extraordinaria que jamás haya existido —Jesucristo— quiere conocerte y ser tu amigo. Mira lo que les ocurrió a algunos de los hombres que siguieron a Jesús. Él les dijo:

Ya no los llamo esclavos, porque el amo no confía sus asuntos a los esclavos. Ustedes ahora son mis amigos, porque les he contado todo lo que el Padre me dijo (Juan 15:15).

¿Puedes pensar en algunas cosas buenas que podrían ocurrirte si Jesús fuera tu amigo? Escríbelas aquí:

_____

_____

_____

¡Diversión en la Palabra de Dios!

Cuando alguien te dice que quiere ser tu amigo o tu amiga, siempre es bueno que la conozcas. Así que tomemos algunos minutos y divirtámonos en la Palabra de Dios mientras conocemos a J-E-S-Ú-S.

Jesús es el Hijo de Dios. Muchos chicos —y también adultos— se confunden cuando llaman a Jesús «el Hijo de Dios». Creen que esto significa que Jesús no era Dios, sino que era solamente el Hijo de Dios, y por eso piensan que Jesús era alguien inferior a Dios. Sin embargo, lee el versículo a continuación y contesta esta pregunta: ¿Cómo respondieron estas personas cuando Jesús dijo que Él era el Hijo de Dios?

Entonces los líderes judíos se esforzaron aún más por encontrar una forma de matarlo. Pues no solo violaba el día de descanso sino que, además, decía que Dios era su Padre, con lo cual se hacía igual a Dios (Juan 5:18).

_____

_____

_____

Según Juan 20:31, ¿cuál es el propósito del Evangelio de
Juan o el libro de Juan?

*Pero estas se escribieron [las palabras en el Evangelio de Juan]
para que ustedes continúen creyendo que Jesús es el Mesías,
el Hijo de Dios.*

_____

_____

_____

De acuerdo con el resto de Juan 20:31, ¿cuál es el resultado de creer que Jesús es el Hijo de Dios?

…al creer en él, tengan vida por el poder de su nombre.

_____

_____

_____

Tomás, uno de los discípulos de Jesús, escuchó a Jesús
decir que Él era «el Hijo de Dios». Y también escuchó a otras
personas llamarlo con ese título. ¿Cómo llamó Tomás a
Jesús, sabiendo que Él era «el Hijo de Dios»?

—¡Mi Señor y mi Dios! —exclamó Tomás (Juan 20:28).

Jesús es realmente especial porque es el Dios que creó los cielos y la tierra. Él creó a las primeras personas en la tierra: Adán y Eva. Dios tenía una relación especial con ellos. Y ahora Jesús, quien era Dios en carne y hueso, quiere ser tu amigo. ¿No te parece estupendo? Es más, ¡es grandioso!

¿Qué más hizo Jesús? Sigue leyendo.

Entró a este mundo como un bebé. Dios es Espíritu, y esto significa que no tiene cuerpo. Desde el momento en que todo fue creado, Dios ha querido tener una relación individual con las personas que Él creó. Para hacerlo posible, tenía que convertirse en hombre. Lee los versículos a continuación y luego explica cómo Dios se convirtió en hombre.

[Tú, María] Concebirás y darás a luz un hijo, y le pondrás por nombre Jesús. Él será muy grande y lo llamarán Hijo del Altísimo. El Señor Dios le dará el trono de su antepasado David. Y reinará sobre Israel para siempre; ¡su reino no tendrá fin! (Lucas 1:31-33).

El ángel le prometió a María que nacería un bebé. Según los siguientes versículos, ¿dónde les dijo el ángel a los pastores que encontrarían a este bebé tan especial?

¡El Salvador —sí, el Mesías, el Señor— ha nacido hoy en Belén, la ciudad de David! Y lo reconocerán por la siguiente señal: encontrarán a un niño envuelto en tiras de tela, acostado en un pesebre (Lucas 2:11-12).

_____

_____

_____

Una vez Jesús nació, Él era Dios en un cuerpo humano. Era un ser humano, como tú y yo. Pero Él también era Dios y poseía todas las cualidades de Dios. Esto significa que Jesús tenía una naturaleza perfecta y sin pecado. Él era cien por ciento Dios y cien por ciento hombre.

Se sacrificó por sus amigos. Solo un amigo muy especial estaría dispuesto a morir en tu lugar. Sin embargo, Jesús dijo que estaba dispuesto a hacer justo eso por sus amigos. Según Juan 15:13, ¿cuál es la prueba del amor más grande en el mundo?

No hay un amor más grande que el dar la vida por los amigos.

_____

_____

¿Cómo demostró Jesús su amor por sus amigos —y por ti— según Romanos 5:8?

Dios mostró el gran amor que nos tiene al enviar a Cristo a morir por nosotros cuando todavía éramos pecadores.

_____

_____

_____

Une a sus amigos a la familia celestial de Dios. Jesús quiere ser tu amigo, pero existe una relación adicional que acompaña a esa amistad. ¿Qué quiere hacer Dios el Padre mediante tu amistad con su Hijo?

Dios decidió de antemano adoptarnos como miembros de su familia al acercarnos a sí mismo por medio de Jesucristo. Eso es precisamente lo que él quería hacer, y le dio gran gusto hacerlo (Efesios 1:5).

_____

_____

_____

Cuando te unes a la familia de Dios por medio de tu amistad con Jesús, ¿qué regalo recibes del Padre según Gálatas 4:6?

Y debido a que somos sus hijos, Dios envió al Espíritu de su Hijo a nuestro corazón, el cual nos impulsa a exclamar «Abba, Padre».

_____

_____

_____

Cuando Jesús se convierte en tu amigo, Él viene a vivir en tu corazón.

Se asegura de ofrecerles vida eterna a sus amigos. Jesús les ofrece a sus amigos una clase de vida especial: la vida eterna. Eterna significa que dura para siempre… que no tiene fin. ¿Qué tienes que hacer para recibir vida eterna; esa vida que no tiene fin?

Pues Dios amó tanto al mundo que dio a su único Hijo, para que todo el que crea en él no se pierda, sino que tenga vida eterna (Juan 3:16).

_____

_____

_____

¿Crees que Jesús es Dios y que Él murió por tus pecados? Si es así, ¡Dios el Padre quiere que seas amigo de su Hijo!

¡Tienes un gran amigo en Jesús!

En este libro leerás muchas historias sobre la vida de Jesús que se encuentran en la Biblia. Estas historias te ayudarán a entender que Dios vino a esta tierra como hombre para poder ofrecerte una oportunidad de ser su amigo. Cuando leas cada capítulo, te darás cuenta de lo especial que es ser amigo de Dios a través de su Hijo, Jesús.

En este capítulo nos divertimos en la Palabra de Dios y aprendimos que **J-E-S-Ú-S** es Dios y que **J-E-S-Ú-S** quiere tener una relación personal contigo y ser tu amigo. Piensa en lo especial que es tu amigo **J-E-S-Ú-S**, mientras escribes lo que significa cada letra de su nombre. (Te ayudaré a empezar con la «J»).

Jesús es el Hijo de Dios.

E_____

S_____

Ú_____

S_____

Escribe algo que te haya gustado, que hayas aprendido o que quieras hacer ahora que descubriste que Jesús quiere ser tu amigo.

_____

_____

_____

_____

_____

Una oración para hacer:

Jesús, es difícil hacer amigos y ser un amigo.
Gracias por querer ser mi amigo. Amén.

2

Jesús es un amigo que ama en todo tiempo

Es fácil amar a los amigos que te demuestran amor. También es fácil conservar a tus amigos cuando no pides demasiado de ellos. Pero, ¿qué me dices de los momentos cuando realmente necesitas su ayuda? ¿Se mantienen cerca cuando les pides que te ayuden? ¿Y qué tal si necesitas esa ayuda por algún tiempo… un tiempo largo? Lo que distingue a un buen amigo es su amor y su cuidado constantes, sin importar los problemas que presente la amistad..

Mucha gente piensa que la palabra amor tiene que ver con una atracción emocional hacia otra persona. Pero la Biblia tiene otra manera de mirar el amor y de medirlo. Más aún, en la Biblia encontramos la persona perfecta para demostrar la definición de amor de Dios: a Jesucristo.

¡Diversión en la Palabra de Dios!

En este capítulo veremos cómo nuestro amigo Jesús puso en práctica el amor. Como Él era perfecto, su amor era perfecto. Aprendamos a seguir su ejemplo para que podamos hacer realidad su mandamiento: «*ámense unos a otros*» (Juan 13:34).

Jesús amó a sus amigos. ¿Puedes imaginarte tener a Jesús en tu casa no solo como un invitado de honor, sino también cuando tienes una necesidad? Esto ocurrió en Juan 11, cuando Lázaro, un amigo de Jesús, se enfermó y murió. Puedes leer la historia completa de su visita al hogar de tres de sus amigos en Juan 11. ¿Qué dice Juan 11:5 sobre lo que sentía Jesús por estos tres amigos?

Jesús amaba a Marta, a María y a Lázaro.

_____

_____

Siendo amigo, el amor de Jesús por esta familia superaba cualquier preocupación que pudiera tener sobre su seguridad personal. (En este momento en su ministerio, había personas que estaban tratando de matarlo). Un amigo como Jesús ama aun en momentos difíciles.

¿Recuerdas algún momento en el que ayudaste a un amigo? ¿Qué hiciste?

_____

_____

¿Qué harás la próxima vez que uno de tus amigos tenga una necesidad?

_____

_____

Jesús amó a sus compañeros de trabajo. ¿Qué te dice este versículo sobre la relación de Jesús con su discípulo Juan?

Uno de ellos, el discípulo a quien Jesús amaba [Juan], estaba a su lado (Juan 13:23, NVI).

_____

¿Qué te dice el siguiente versículo sobre los sentimientos de Jesús hacia todos sus discípulos?

Antes de la celebración de la Pascua, Jesús sabía que había llegado su momento para dejar este mundo y regresar a su Padre. Había amado a sus discípulos durante el ministerio que realizó en la tierra y ahora los amó hasta el final (Juan 13:1).

_____

_____

Es fácil amar a tu familia y a tus amigos, pero ¿qué me dices de otros chicos en la escuela? ¡A Jesús le gustaría que los amaras también! ¿Hay alguien en la escuela que no es tu amigo cercano pero a quien te puedes allegar y demostrarle el amor a la manera de Jesús? Escribe su nombre aquí:

_____

¿Qué acto de bondad podrías hacer para demostrarle a esa persona el amor a la manera de Jesús?

_____

_____

Jesús amó a sus enemigos. De nuevo, es fácil amar a tu familia y a tus amigos. Pero ¿qué de esos chicos en la escuela que te la ponen difícil? Quizá haya un bravucón en la escuela o en tu vecindario. Tal vez quieres unirte a un grupo y no te lo permiten. En Mateo 5:44, ¿qué dijo Jesús que debes hacer?

Pero yo digo: ¡ama a tus enemigos! ¡Ora por los que te persiguen!

_____

_____

¿Cómo respondió Jesús a los que le clavaron en la cruz?

«Padre, perdónalos, porque no saben lo que hacen» (Lucas 23:34).

_____

_____

La mayoría de los chicos no son realmente malos, ni son realmente el «enemigo». Pase lo que pase, no los trates como ellos te tratan a ti. ¿Qué te dice Jesús que hagas en vez de eso?

Traten a los demás como les gustaría que ellos los trataran a ustedes (Lucas 6:31).

_____

_____

_____

Sigue el consejo de Jesús y trata a los demás como quisieras que ellos te trataran. ¡Y entonces verás lo que sucede!

Jesús te amó lo suficiente para morir por ti. ¿Qué hizo Jesús para demostrarnos lo que es el amor?

En esto conocemos lo que es el amor: en que Jesucristo entregó su vida por nosotros (1 Juan 3:16, NVI).

_____

_____

Dios es amor y Él nos enseñó qué es el amor al enviar a su amado Hijo, Jesús. ¿Cuál fue la misión de Jesús cuando vino a la tierra?

Dios demuestra su amor por nosotros en esto: en que cuando todavía éramos pecadores, Cristo murió por nosotros (Romanos 5:8, NVI).

_____

_____

Lee a continuación Juan 1:12. ¿Cuál debería ser tu respuesta ante la realidad de que Jesús te amó tanto que murió para salvarte de tus pecados?

A todos los que creyeron en él y lo recibieron, les dio el derecho de llegar a ser hijos de Dios.

_____

_____

¡Tienes un gran amigo en Jesús!

En Jesús encontrarás el mejor ejemplo de amor y también tu fuente máxima para amar a otros. Jesús fue el amor perfecto encarnado. Él te ama perfectamente y te enseña —y te manda— a amar a otros de la misma forma. Veamos cómo tu amigo Jesús quiere que ames: dibuja un círculo alrededor de las palabras "amor" o "amar" cada vez que aparezcan en los siguientes versículos:

El amor… **escoge a Dios como el primero y el más importante.** «*"Ama al* SEÑOR *tu Dios con todo tu corazón, con toda tu alma y con toda tu mente". Este es el primer mandamiento y el más importante*» (Mateo 22:37-38).

El amor… **escoge a tu prójimo como la siguiente prioridad.** «*Hay un segundo mandamiento que es igualmente importante: "Ama a tu prójimo como a ti mismo"*» (versículo 39).

¿Quién es tu prójimo? A Jesús se le planteó la misma pregunta y explicó que cada uno de nosotros es responsable de ser un buen prójimo para los que necesitan nuestra ayuda (Lucas 10:37).

El amor… **escoge obedecer a Jesús.** «*Si me aman, obedezcan mis mandamientos*» (Juan 14:15).

Cuando Jesús dijo: «*obedezcan mis mandamientos*», nos estaba hablando de obedecer lo que la Biblia dice que tú y yo debemos hacer. Por ejemplo, le demuestras a Jesús que le amas cuando obedeces el mandamiento de la Biblia: «*Hijos, obedezcan a sus padres*» (Efesios 6:1).

El amor... escoge obedecer el mandamiento de Jesús de amar a los demás. «*Así que ahora les doy un nuevo mandamiento: ámense unos a otros. Tal como yo los he amado, ustedes deben amarse unos a otros*» (Juan 13:34).

Cuando te niegas a que otra persona te caiga bien, no estás obedeciendo el mandamiento de Jesús. ¿Qué dice esto sobre tu amor por Jesús?

El amor... escoge perdonar en lugar de vengarte. «*¡Ama a tus enemigos! ¡Ora por los que te persiguen!*» (Mateo 5:43-44).

Por lo general, ¿cómo respondes cuando alguien trata de hacerte daño?

¿Cómo deberías responder según Jesús?

En este capítulo nos hemos divertido en la Palabra de Dios. Repasa las cuatro verdades sobre el amor de Jesús por las otras personas, y escribe cómo Jesús demostró su amor por otros... ¡incluyéndote a ti!

Jesús amó a sus amigos.

J _____

J _____

J _____

Escribe algo que te haya gustado, que hayas aprendido o que quieras hacer ahora que descubriste que Jesús es un amigo que ama en todo tiempo.

_____

_____

_____

_____

_____

_____

Una oración para hacer:

Jesús, gracias por ayudarme a conocer más sobre ti y tu amor. De verdad necesito ayuda, especialmente con los chicos que son desconsiderados o que no se portan muy bien conmigo. Amén.

3

Jesús es un amigo en quien puedes confiar

Jesús fue un predicador y un maestro excelente... ¡el mejor! Mientras estuvo en la tierra, pasó su tiempo visitando muchos lugares por todo Israel. Jesús habló con muchísima gente y sanó a muchos que se cruzaron en su camino. Con el tiempo, Él escogió a doce discípulos para que lo acompañaran a todas partes. Mientras se movían de aquí para allá, Jesús enseñaba a sus discípulos y los preparaba para continuar su ministerio después que Él regresara al cielo.

Estos hombres eran amigos de Jesús. Él los protegió de los líderes religiosos que querían prohibir que le dijera al pueblo que Él era Dios, el Mesías y Salvador del mundo. Justo antes de que Judas lo traicionara y lo entregara a los soldados romanos, Jesús oró esta oración:

> *Mientras estaba con ellos [los discípulos], los protegía y los preservaba mediante el nombre que me diste, y ninguno se perdió sino aquel que nació para perderse, a fin de que se cumpliera la Escritura* (Juan 17:12, NVI).

¿A cuántos de sus amigos perdió Jesús?

Aunque a veces los discípulos no entendían algunas de las cosas que Jesús les estaba diciendo y aunque dudaron de Él, ellos sabían que podían confiar en Jesús.

¡Diversión en la Palabra de Dios!

Los discípulos sabían que podían confiar en Jesús y llegó el momento en que tú también entiendas que Jesús es un amigo en quien puedes confiar.

Confía en Jesús para tu salvación. Jesús mantuvo a los discípulos bajo su protección mientras estuvo con ellos, y no perdió a ninguno, excepto a Judas, quien traicionó a Jesús intencionalmente. Igual que los discípulos, puedes confiar plenamente en Jesús y depender de Él para tu vida eterna. Escribe las tres promesas que Jesús les hizo a sus amigos en Juan 10:28 (NVI).

Yo les doy vida eterna,
y nunca perecerán,
ni nadie podrá arrebatármelas de la mano.

Promesa #1 _____

_____

Promesa #2 _____

_____

Promesa #3 _____

_____

Según Juan 10:29, ¿quién más está involucrado en asegurarse de tu salvación además de Jesús?

Mi Padre me las ha dado, y él es más poderoso que todos. Nadie puede quitarlas de la mano del Padre.

Recuerda que Jesús te da un ayudante. Jesús sabía que sus amigos vivirían momentos difíciles cuando Él regresara al cielo. Después de todo, Jesús era quien los había mantenido protegidos y ellos habían dependido de Él para que los dirigiera. Así que, para que no tuvieran que preocuparse por su ayuda en el futuro, Jesús prometió enviarles «un ayudante» que tomaría su lugar. Rodea con un círculo las palabras en estos versículos que describen la tarea especial que este «ayudante» hace por los amigos y los seguidores de Jesús:

Y yo le pediré al Padre, y él les dará otro Consolador para que los acompañe siempre: el Espíritu de verdad, a quien el mundo no puede aceptar porque no lo ve ni lo conoce. Pero ustedes sí lo conocen, porque vive con ustedes y estará en ustedes (Juan 14:16-17, NVI).

Los discípulos confiaron en que Jesús cumpliría su promesa. Y efectivamente, en Hechos 2:1-4, leemos que el Padre envió al Espíritu Santo para vivir en los amigos de Jesús y ayudarlos, tal como Él había prometido.

Jesús entiende tus luchas. ¿Has sentido alguna vez que nadie entiende por lo que estás pasando? Tienes tus luchas personales y eres tentado a decir o hacer cosas que son incorrectas. A veces ni siquiera tus padres entienden. Pero tu amigo Jesús entiende todas y cada una de tus luchas y tentaciones.

> *Nuestro Sumo Sacerdote [Jesús] comprende nuestras debilidades, porque enfrentó todas y cada una de las pruebas que enfrentamos nosotros, sin embargo, él nunca pecó* (Hebreos 4:15).

¿Por qué puede entenderte Jesús y ayudarte con tus problemas?

_____

_____

Según Marcos 1:13, ¿por cuánto tiempo Jesús luchó con la tentación cuando comenzó su ministerio?

> *Y allí [en el desierto] fue tentado por Satanás durante cuarenta días* (Marcos 1:13, NVI).

_____

_____

Cuando enfrentes un problema y sientas la tentación de darte por vencido, recuerda que puedes confiar en Jesús porque Él también fue tentado y entiende perfectamente lo que estás pasando. Y como Él conoce tus luchas, puedes presentárselas en oración y pedirle ayuda. Jesús «nunca pecó», lo que significa que Él puede ayudarte a vencer tus tentaciones e impedir que tomes malas decisiones.

Jesús dice solo la verdad. Jesús era y es la verdad. ¿Qué tres afirmaciones hace Jesús sobre Él mismo en Juan 14:6?

Jesús le contestó: —Yo soy el camino, la verdad y la vida; nadie puede ir al Padre si no es por medio de mí.

1. Jesús dijo: «Yo soy el _____

2. la _____

3. y la _____».

¿Por qué es importante tener una relación personal con Jesús, de acuerdo con la última parte de Juan 14:6?

_____

En una de las muchas ocasiones en las que Jesús habló con los líderes religiosos sobre el tema de la verdad, Él dijo lo que sigue a continuación sobre el diablo. Mientras vas leyendo, circula todas las cualidades negativas que describen al diablo:

Ustedes son hijos de su padre, el diablo, y les encanta hacer las cosas malvadas que él hace. Él ha sido asesino desde el principio y siempre ha odiado la verdad, porque en él no hay verdad. Cuando miente, actúa de acuerdo con su naturaleza porque es mentiroso y el padre de la mentira (Juan 8:44).

Describe cómo el diablo es lo opuesto a Jesús en materia de decir la verdad:

_____

_____

Jesús es la verdad y Él también quiere que sus amigos digan la verdad. ¿Qué dicen los siguientes versículos que debes hacer siempre?

> *Dejen de decir mentiras. Digamos siempre la verdad a todos* (Efesios 4:25).

———————————————————————————————

———————————————————————————————

> *Hablaremos la verdad con amor* (Efesios 4:15).

———————————————————————————————

Jesús dice claramente que sus amigos no deben mentir. Creer en Jesús —que es la verdad y dijo la verdad— significa que dirás solo la verdad. ¿Te gustaría agradar a Dios y vivir —y hablar— como su Hijo? Entonces, enfócate en vivir como dice este versículo:

> *El SEÑOR detesta los labios mentirosos, pero se deleita en los que dicen la verdad* (Proverbios 12:22).

Da gracias a Jesús por ser digno de confianza. ¿Tienes algún amigo que sea completamente sincero contigo todo el tiempo? Si es así, ¡tienes, sin duda alguna, un amigo inusual! Como Jesús es Dios, puedes confiar en todo lo que dice en su Palabra, la Biblia. ¿Qué nos llega por medio de Jesucristo según el siguiente versículo?

La ley fue dada por medio de Moisés, pero el amor inagotable de Dios y su fidelidad vinieron por medio de Jesucristo (Juan 1:17).

Puedes confiar en tu amigo Jesús porque cuando habla, Él dice la verdad… ¡siempre!

¡Tienes un gran amigo en Jesús!

El saber que Jesús se acerca a ti y que quiere ser tu amigo debe ayudarte a confiar en Él, ¿cierto? Jesús es Dios y si eres uno de sus amigos, Él ha prometido salvarte y protegerte. Y ya que puedes confiar en Jesús, ¿cómo deberías responderle? Echemos un vistazo a la guía que nos presenta Proverbios 3:5-6 sobre cómo responder.

Confía de todo corazón en el Señor y no en tu propia inteligencia. Ten presente al Señor en todo lo que hagas, y él te llevará por el camino recto (DHH).

Confía en el Señor: «Confía de todo corazón en el Señor». Dios conoce el cien por ciento de las veces lo que es cien por ciento mejor para ti. Él es cien por ciento la mejor persona en la que puedes confiar para cualquier decisión que necesites tomar.

No confíes en tu propio entendimiento: «y no [confíes] en tu propia inteligencia». ¿Crees que lo sabes todo? Nadie puede. En vez de tratar de hacer las cosas por tu cuenta, con inteligencia y entendimiento limitados, depende de la sabiduría de Dios que encuentras en su Palabra: la Biblia. En ella encontrarás todo lo que necesitas saber. Y no te olvides de pedir ayuda a tus padres... ¡ellos también pueden ofrecerte sabiduría!

Reconoce su presencia: «Ten presente al Señor en todo lo que hagas». Aunque no puedes verlo, Jesús siempre está contigo. Por medio de la oración, reconoces su presencia y puedes hablar con Él sobre cualquier decisión que tengas que tomar. ¿No te parece genial? Jesús siempre está a tu lado... en todo momento, de noche o de día.

Encuentra el camino recto con la ayuda de Dios: «Él te llevará por el camino recto». La tarea de Dios es dirigirte y guiarte por el camino recto a lo largo de tu vida. Si confías en Dios, Él despejará el camino para que puedas avanzar en la dirección correcta para hacer lo que es mejor para ti y lo que le agrada a Él.

Tómate el tiempo para decidir. Es posible que ya hayas decidido confiar en Jesús para tu salvación. Pero ¿qué tal si todavía no lo has hecho? Esto es lo que necesitas saber: Jesús es el Hijo de Dios, Él es cien por ciento santo y sin pecado. Esto presenta un gran problema porque todos los seres humanos somos pecadores. Como resultado, todos estamos separados de Dios. (Esa es la mala noticia). Pero la buena noticia es que Jesús murió en la cruz por ti. Él recibió el castigo por tus pecados para que pudieras ser hecho recto con su justicia. Si aceptas a Jesús por fe, puedes recibir perdón de tus pecados.

En Efesios 1:7 dice que ocurren dos cosas cuando pones tu fe y tu confianza en Jesús. ¿Cuáles son?

En él [Jesús] tenemos la redención mediante su sangre, el perdón de nuestros pecados, conforme a las riquezas de la gracia (NVI).

Lo primero que ocurre _____

_____

Lo segundo que ocurre _____

_____

En este capítulo nos divertimos en la Palabra de Dios y aprendimos que podemos confiar en Jesús. Repasemos los consejos sobre cómo podemos responder a la invitación de Jesús a que confiemos en Él, según Proverbios 3:5-6.

Confía en el Señor.

N_____

R_____

E_____

T_____

Escribe algo que te haya gustado, que hayas aprendido o que quieras hacer ahora que descubriste que puedes confiar en tu amigo Jesús en todas las áreas de tu vida.

_____

_____

_____

_____

_____

_____

Una oración para hacer:

Jesús, quiero confiar en ti con todo mi corazón. Quiero tomar mejores decisiones todos los días. Me alegra mucho que seas mi amigo y sé que me mostrarás el camino correcto. Amén.

4

Jesús es un amigo que ora por ti

Es imposible leer sobre la vida de Jesús en los Evangelios —en Mateo, Marcos, Lucas y Juan— y no darse cuenta de que Él oró M-U-C-H-Í-S-I-M-O. Para Jesús, orar era como respirar. Era como si no pudiera vivir sin orar. Su único deseo era hacer lo que Dios, su Padre, quería que Él hiciera. En su última oración al Padre registrada antes de ir a la cruz, Jesús dijo: «*Yo te di la gloria aquí en la tierra, al terminar la obra que me encargaste*» (Juan 17:4).

¿Cómo pudo Jesús terminar la obra del Padre en la tierra? Él usó la oración como una herramienta importante para completar todo lo que le pidieron que hiciera. ¿Te gustaría hacer todo lo que Dios quiere que hagas? Si es así, la oración —tal como Jesús la ejemplificó— es un paso enorme para saber lo que necesitas hacer.

¡Diversión en la Palabra de Dios!

Si le pidieras a uno de tus líderes juveniles un libro sobre la vida y el ministerio de Jesús, ese libro te diría que Jesús fue un profeta, un sacerdote y un rey. En este libro queremos echar un vistazo al papel de Jesús como sacerdote; como un sacerdote del Antiguo Testamento. Una de las funciones que desempeñaba el sacerdote en el Antiguo Testamento era orar por el pueblo de Israel. Esto fue lo que hizo Jesús por sus amigos: oró por ellos. He aquí algunos datos sobre las oraciones de Jesús:

Las oraciones de Jesús son continuas. Jesús pasó su ministerio terrenal ayudando a las personas y orando por ellas. Después de su resurrección, Él regresó al cielo. ¿Qué está haciendo Jesús ahora mismo por sus amigos... por «*los que vienen a Dios por medio de él*»?

Por eso puede salvar —una vez y para siempre— a los que vienen a Dios por medio de él, quien vive para siempre, a fin de interceder [orar] con Dios a favor de ellos (Hebreos 7:25).

_____

_____

¿No te parece estupendo que tu amigo Jesús esté en el cielo orando continuamente por ti? Eso es lo que hace un amigo, y Jesús se preocupa por sus amigos, incluyéndote a ti. Piensa en tus amigos en la escuela, en tu equipo de béisbol, en la iglesia o en tu vecindario. ¿No crees que a Jesús le gustaría que oraras por tus amigos aquí en la tierra? Escribe a continuación los nombres de tus mejores amigos.

_____

_____

¿Qué puedes pedir en oración por tus amigos? Anota algunas peticiones y comienza a ser un amigo que ora.

_____

_____

_____

Las oraciones de Jesús tienen autoridad. ¿Sabes lo que es autoridad? Autoridad significa que tienes la capacidad para hacer que pase algo. Por ejemplo, tus padres tienen autoridad, también tus maestros y las personas que trabajan en el gobierno. Sin embargo, ¡Jesús tiene la autoridad más grande de todas! Como Dios el Hijo, cuando regresó al cielo, Él se sentó «a la derecha» del Padre (Hebreos 1:3), que es una posición de poder y autoridad. ¿Qué dice la Biblia que Jesús está haciendo mientras está sentado en su trono de autoridad?

Hay un Dios y un Mediador que puede reconciliar a la humanidad con Dios, y es el hombre Cristo Jesús (1 Timoteo 2:5).

_____

_____

Un *mediador* ayuda a una persona a explicar lo que está pasando en la vida de otra persona. Eso es justo lo que tu amigo Jesús está haciendo por ti. Con su autoridad como Hijo de Dios, Jesús le está explicando al Padre que tú eres su amigo y que Él está ayudándote personalmente a hacer lo correcto en tu vida.

¿Sabías que porque eres un amigo de Jesús, tú también

tienes autoridad? Cuando oras a Dios, ¿qué dice Jesús que tienes que hacer para recibir la aprobación de Dios y por qué?

Yo los elegí a ustedes. Les encargué que vayan y produzcan frutos duraderos, así el Padre les dará todo lo que pidan en mi nombre (Juan 15:16).

_____

_____

_____

_____

Cuando oras en el nombre de Jesús, le estás pidiendo a Dios que tenga en cuenta tu petición de la misma manera que Él respondería a una petición de Jesús. Como amigo de Jesús, ¡cuando tú oras, cuentas con el respaldo de su autoridad!

Las oraciones de Jesús buscan la voluntad de Dios. Lee las siguientes oraciones de Jesús. Según estos versículos, ¿cuáles fueron algunos de los motivos para sus oraciones?

Cierto día, poco tiempo después, Jesús subió a un monte a orar y oró a Dios toda la noche. Al amanecer, llamó a todos sus discípulos y escogió a doce de ellos para que fueran após- toles (Lucas 6:12-13).

Aquí Jesús oró por la voluntad de Dios para

_____

_____

Simón, Simón, Satanás ha pedido zarandear a cada uno de ustedes como si fueran trigo; pero yo he rogado en oración por ti, Simón, para que tu fe no falle (Lucas 22:31-32).

Aquí Jesús oró por la voluntad de Dios para que

_____

_____

Jesús estaba orando justo antes de ser traicionado...Se retiró por segunda vez y oró: «*¡Padre mío! Si no es posible que pase esta copa a menos que yo la beba, entonces hágase tu voluntad*» (Mateo 26:42).

Aquí Jesús oró por la voluntad de Dios para que

_____

_____

Jesús no deseaba hacer nada que el Padre no quería que Él hiciera. Él quería hacer la voluntad de Dios. Jesús oró antes de seleccionar a sus discípulos. Oro para que la fe de Simón Pedro se mantuviera firme. Y oró justo antes de ir a la cruz para que la voluntad de Dios se cumpliera.

En otra ocasión, Jesús les pidió a sus discípulos que se aseguraran de que sus oraciones estuvieran de acuerdo con los deseos del Padre. Subraya la última petición de las instrucciones de Jesús que te dice cómo orar:

Ora de la siguiente manera:
Padre nuestro que estás en el cielo,

que sea siempre santo tu nombre.
Que tu reino venga pronto.
Que se cumpla tu voluntad en la tierra
  como se cumple en el cielo (Mateo 6:9-10).

Conocer la «voluntad de Dios» significa que sabes lo que el Padre quiere que hagas en tu vida.

¡Tienes un gran amigo en Jesús!

Tu amigo Jesús pasó gran parte de su vida en la tierra orando por sus amigos. También oró para que el Padre lo guiara en hacer lo necesario para asegurar la salvación de sus amigos. Hoy Jesús está en el cielo orando por ti en todo momento. Su vida de oración es un ejemplo de cómo tú también puedes orar por otros.

Sin embargo, ¿has pasado alguna vez por la experiencia de no saber cómo debes orar? Por ejemplo, imagina que estás en la iglesia con otros chicos y el líder pregunta si alguien quiere orar. Te gustaría orar, pero no estás seguro de qué debes decir. Si te ha pasado esto, no estás solo. Los discípulos de Jesús tuvieron el mismo problema. Ellos escuchaban las oraciones de Jesús y lo observaban cuando oraba al Padre. Finalmente, le pidieron a Jesús: «*Señor, enséñanos a orar*» (Lucas 11:1). Esta es una oración modelo que Jesús les dio a sus discípulos y también Él quiere que la uses como una guía para tus oraciones.

Padre, que siempre sea santificado tu nombre.
  Que tu reino venga pronto.

Danos cada día el alimento que necesitamos
y perdónanos nuestros pecados,
así como nosotros perdonamos a los que pecan
contra nosotros.
Y no permitas que cedamos ante la tentación (Lucas 11:2-4).

La oración de Jesús puede guiarte cuando ores. Pero, tal vez, todavía no entiendas bien cómo funciona la oración. Entonces, usemos el acrónimo O-R-A-R para que aprendas más sobre cómo puedes orar por ti mismo, tu familia y tus amigos.

Orar es hablar con Dios. No te cuesta trabajo hablar con tus padres o tus amigos, ¿cierto? Es lo mismo cuando se trata de hablar con Dios. Veamos lo que dice el siguiente versículo sobre lo que tienes que hacer para acercarte más a Dios:

Acerquémonos, pues, a Dios con corazón sincero (Hebreos 10:22, NVI).

¿Qué debes hacer? _____

_____

¿Cuál debe ser la actitud de tu corazón cuando oras?

_____

Aprender a hablar con Dios es igual que hacer amigos. Para hacerte amigo de alguien, tienes que dar el primer paso y comenzar a hablar con él o con ella. Lo mismo tienes que hacer con Dios. Da el primer paso y dile: «¡Hola, Dios! Me llamo _____. Quiero ser tu amigo y necesito hablar contigo sobre algunas cosas». Cuando hables con Dios, sé respetuoso y sé tú mismo... debes ser sincero. Dios quiere que seas tal como eres —el verdadero tú— cuando hables con Él.

Recuerda que tienes que orar con fe. Dios ha prometido que contestará tus oraciones, así que tienes que creer que Él cumplirá su promesa. Tener fe es creer que lo que Dios dice es cierto. Debes orar así:

Pueden orar por cualquier cosa y si creen que la han recibido, será suya (Marcos 11:24).

¿Cuál es tu tarea o papel cuando oras?

_____

Según el versículo citado arriba, ¿qué pasará cuando ores?

_____

¿Quiere esto decir que puedes pedir y que recibirás todo lo que quieras, como una bicicleta nueva o un videojuego? Para ayudarte con la respuesta, lee el siguiente versículo.

Aun cuando se lo piden, tampoco lo reciben porque lo piden con malas intenciones: desean solamente lo que les dará placer (Santiago 4:3).

Acuérdate de pedir, porque Dios te promete que escuchará tus oraciones. Con frecuencia no entendemos cómo trabaja Dios. Por alguna razón, el Dios del universo quiere que formemos parte de lo que Él está haciendo en nosotros y alrededor de nosotros. Por lo tanto, cuando Dios nos promete que Él escuchará y contestará nuestras oraciones, tenemos que comenzar a orar. Fíjate en lo que Dios te promete que recibirás si te acuerdas de pedir:

Sigue pidiendo y recibirás lo que pides;

Sigue buscando y encontrarás;

Sigue llamando, y la puerta se te abrirá (Mateo 7:7).

En el versículo siguiente dibuja un círculo alrededor de lo que tú tienes que hacer y subraya lo que Dios hará:

Pídeme y te daré a conocer secretos sorprendentes que no conoces acerca de lo que está por venir (Jeremías 33:3).

Reconoce y confiesa tu pecado antes de orar. Una de las razones principales por la que los chicos no oran es porque han hecho algo mal y no quieren confesarlo. Por consiguiente, se sienten demasiado avergonzados como para hablar con Dios. Es como evitar mirar a tus padres a los ojos porque sabes que hiciste algo que no se suponía que hicieras. (¡Como mentirles!). Entonces, al igual que con tus padres, necesitas reconocer y confesar la verdad a Dios y decirle que lamentas lo que hiciste. Necesitas aceptar delante de Dios que lo que hiciste fue incorrecto. Lee los versículos siguientes que hablan sobre confesar tu pecado.

Si no hubiera confesado el pecado de mi corazón, mi Señor no me habría escuchado (Salmos 66:18).

¿Qué pasa con tus oraciones cuando pecas y no le confiesas a Dios tu mala acción?

_____

Si confesamos nuestros pecados a Dios, él es fiel y justo para perdonarnos nuestros pecados y limpiarnos de toda maldad (1 Juan 1:9).

¿Qué ocurre cuando confiesas tu pecado y lo reconoces ante Dios?

_____

_____

_____

¿Crees que puedes tener un mejor amigo que Jesús? Por supuesto que no. Primero, Jesús está orando por ti siempre, de día y de noche; cuando estás despierto y cuando estás durmiendo. Segundo, como has visto en este capítulo, tu amigo Jesús te ha dado una guía sobre cómo orar por ti mismo y por los demás. Sí, ¡Jesús es el mejor amigo que puedes tener!

En este capítulo nos divertimos en la Palabra de Dios y aprendimos cómo tu amigo Jesús ora por ti. También descubrimos qué es O-R-A-R. Escribe en esta página lo que significa cada letra de la palabra O-R-A-R. (Te ayudaré a empezar con la «O»).

Orar es hablar con Dios.

R _____

A _____

R _____

Escribe algo que te haya gustado, que hayas aprendido o que quieras hacer ahora que descubriste que Jesús es un amigo que ora por ti todo el tiempo.

_____

_____

_____

_____

_____

_____

Una oración para hacer:

Me alegra mucho que seas un amigo verdadero con el que puedo hablar. Me alegra mucho saber que estás cerca y que prometes escucharme cuando oro. Amén.

5

Jesús es tu amigo siempre que lo necesitas

La mayoría de las personas alrededor del mundo, cristianas y no cristianas, del pasado y del presente, coincide en que Jesús fue una persona excelente. Quizá te preguntes: *¿Qué hizo Jesús para que tantas personas alrededor del planeta reconocieran que Él era el mejor hombre que jamás haya existido?* Antes de considerar la respuesta, toma en cuenta lo que Jesús no hizo. Como hombre, Él...

nunca escribió un libro.

nunca estuvo al mando de un ejército de soldados ni ganó grandes batallas en la guerra.

nunca exhortó a la gente a rebelarse.

Veamos ahora lo que sí hizo para sobresalir sobre cualquier otro ser humano que jamás haya vivido. En pocas palabras: *Él sirvió a otros.* Jesús reconoció las necesidades de las personas y ayudó a satisfacerlas, ya fueran físicas o espirituales.

¿Y sabes qué? Todavía hoy día Jesús satisface las necesidades de sus amigos, como afirman los versículos siguientes:

...pero dado que Jesús vive para siempre, su sacerdocio dura para siempre. Por eso puede salvar —una vez y para siempre— a los que vienen a Dios por medio de él, quien vive para siempre, a fin de interceder con Dios a favor de ellos. Él es la clase de sumo sacerdote que necesitamos, porque es santo y no tiene culpa ni mancha de pecado. Él ha sido apartado de los pecadores y se le ha dado el lugar de más alto honor en el cielo (Hebreos 7:24-26).

¡Diversión en la Palabra de Dios!

Jesús —el Hijo de Dios y el Salvador del mundo— vino por primera vez a la tierra como un siervo humilde. A medida que vayas leyendo este capítulo, mantén abiertos tu corazón y tus ojos para que veas cómo Jesús fue un ejemplo de servicio.

El servicio describe el ministerio de Jesús en la tierra. En las dos profecías a continuación, que nos hablan de la primera vez que Jesús vino a la tierra, dibuja un círculo alrededor de la palabra que los profetas usaron para describir a Jesús:

Miren a mi siervo, al que yo fortalezco; él es mi elegido, quien me complace (Isaías 42:1).

Miren, mi siervo prosperará; será muy exaltado (Isaías 52:13).

Evalúa a quién estás sirviendo. La Biblia nos dice que, en los comienzos de su ministerio, Jesús fue tentado por el diablo (Mateo 4:1). De hecho, Él fue tentado durante 40 días y 40 noches, y durante todo ese tiempo, Jesús no comió nada. El diablo le prometió a Jesús que le daría comida, poder y gloria si

Él se arrodillaba, lo adoraba y lo servía. ¿Qué le contestó Jesús al diablo (o Satanás, como también le llaman)?

> —Vete de aquí, Satanás —le dijo Jesús—, porque las Escrituras dicen: «Adora al SEÑOR tu Dios y sírvele únicamente a él» (Mateo 4:10).

_____

_____

Jesús no serviría a nadie, excepto a Dios el Padre. Y Él quiere que tú también adores y sirvas al Padre. Como ya aprendimos, Jesús es Dios. Y con esto en mente, ¿a quién también debes servir según Colosenses 3:23-24?

> Trabajen de buena gana en todo lo que hagan, como si fuera para el Señor y no para la gente. Recuerden que el Señor los recompensará con una herencia y que el Amo a quien sirven es Cristo.

_____

_____

Recuerda por qué ciertas personas son especiales para Dios. En la Biblia leemos sobre distintas personas a quienes Dios usó de una forma poderosa. Dibuja un círculo alrededor del nombre de cada persona especial y subraya las razones por las que Dios escogió y usó a estas personas.

> Multiplicaré a tus descendientes, y se convertirán en una gran nación. Lo haré a causa de la promesa que hice a Abraham, mi siervo (Génesis 26:24).

¿Entonces, por qué no tuvieron temor de criticar a mi siervo Moisés? (Números 12:8).

Yo he elegido a David para que salve a mi pueblo Israel de manos de los filisteos y de sus demás enemigos (2 Samuel 3:18).

¿Te gustaría que Dios te usara de alguna manera especial? Todo lo que necesitas es querer ser «su siervo». ¿Qué significa esto? *Un siervo es una persona consagrada a o dirigida por alguien o algo.* ¿Te gustaría estar consagrado a Dios y que Él te dirigiera? Si es así, vas por muy buen camino para convertirte en un siervo.

Enfócate en servir a Dios. Servir a Dios no es fácil. Ya hemos visto que Jesús fue tentado a servir a algo o a alguien que no era Dios. Sin embargo, durante su vida y su ministerio terrenal, Jesús se mantuvo enfocado en la voluntad del Padre para su vida. Jesús quiere que mantengas el mismo enfoque. Aunque nunca servirías a Satanás intencionalmente, a veces tu servicio puede enfocarse en cosas que provoquen que apartes tu vista de Dios. En la época de Jesús, los líderes religiosos amaban sus posesiones materiales, sus pertenencias, sus cosas. Un día, mientras escuchaban a Jesús contarles la historia de un siervo fiel (Lucas 16:1-12), Jesús concluyó con esta verdad:

Nadie puede servir a dos amos. Pues odiará a uno y amará al otro; será leal a uno y despreciará al otro. No se puede servir a Dios y al dinero (Lucas 16:13).

El propósito de la historia de Jesús es que entiendas que

necesitas tener cuidado de no escoger servir a algo o a alguien que no sea Dios. Permíteme presentarte algunos ejemplos:

—Puedes escoger quedarte en la cama un poco más de tiempo, en lugar de levantarte y leer tu Biblia.

—Puedes escoger hablar o dibujar en la iglesia, en vez de escuchar la clase bíblica.

—Puedes escoger gastar en ti toda tu mesada y no ofrendar nada a la iglesia.

¿Puedes pensar en decisiones que podrían ayudarte a mantenerte enfocado en Jesús? Escribe tus pensamientos aquí:

_____

_____

_____

Imagínate cómo se vería el servir a otros. A menudo se dice: «Una foto vale más que mil palabras». Pues bien, en la Biblia, el capítulo 13 de Juan nos presenta un cuadro muy claro de cómo se mira el servir a otros. He aquí parte de ese cuadro. Describe lo que hizo Jesús:

Jesús sabía que el Padre le había dado autoridad sobre todas las cosas y que había venido de Dios y regresaría a Dios. Así que se levantó de la mesa, se quitó el manto, se ató una toalla a la cintura y echó agua en un recipiente. Luego comenzó a lavarles los pies a los discípulos y a secárselos con la toalla que tenía en la cintura (Juan 13:3-5).

_____

_____

_____

Por lo general, en una tierra seca y polvorienta como la de Judea, un sirviente les lavaba los pies a las personas que llegaban a cenar. Pero tristemente, no había ningún sirviente, y ninguno de los discípulos de Jesús quería actuar como uno y realizar la modesta tarea de lavar los pies sucios de los otros. Así que Jesús hizo lo que los discípulos no estaban dispuestos a hacer. ¿Recuerdas algún momento en el que te comportaste como un engreído y decidiste no ser útil cuando pudiste haber actuado como Jesús y ayudado a tu mamá, a tu papá, a tu hermano o a tu hermana en tu casa?

_____

_____

¿Qué harás la próxima vez que tengas una oportunidad para servir?

_____

_____

Piensa a quién Jesús quiere que sirvas. Ya sabes que se supone que quieras servir a Jesús. De acuerdo con el versículo siguiente, ¿a quién más Jesús quiere que sirvas?

Pues ustedes, mis hermanos, han sido llamados a vivir en libertad; pero no usen esa libertad para satisfacer los deseos

*de la naturaleza pecaminosa. Al contrario, usen la libertad
para servirse unos a otros por amor* (Gálatas 5:13).

A veces es difícil sentir entusiasmo ante la idea de servir
a otros. Sin embargo, esto puede animarte a hacerlo. Cuando
sirves a otros, ¿a quién estás sirviendo realmente?

*Trabajen con entusiasmo, como si lo hicieran para el Señor y
no para la gente* (Efesios 6:7).

Evalúa cómo estás sirviendo. Cuando sirves, Jesús no
solo valora tus actos de servicio, sino también la actitud
que tienes cuando sirves. Menciona los dos tipos de siervos
que se describen en estos dos versículos.

*El amo dijo: «Bien hecho, mi buen siervo fiel. Has sido fiel en
administrar esta pequeña cantidad, así que ahora te daré
muchas más responsabilidades. ¡Ven a celebrar conmigo!»*
(Mateo 25:23).

---

*Pero su señor le contestó: «¡Siervo malo y perezoso! ¿Así que
sabías que cosecho donde no he sembrado y recojo donde no
he esparcido?»* (Mateo 25:26, NVI).

No pases por alto que los dos eran siervos; tanto el fiel como el malo. Sin embargo, a uno lo llamaron «perezoso» y al siervo fiel lo llamaron «[bueno]». ¿Qué te dice esto sobre la manera en que debes servir a Dios y a otros?

_____

_____

_____

Lee otra vez Gálatas 5:13 —que aparece bajo «Piensa a quién Jesús quiere que sirvas»— y escribe cómo vas a servir a otros.

_____

Lee Filipenses 2:3-4. Estos versículos hablan sobre dos actitudes que no debes tener cuando sirves.

No hagan nada por egoísmo o vanidad [orgullo]; más bien, con humildad consideren a los demás como superiores a ustedes mismos. Cada uno debe velar no solo por sus propios intereses, sino también por los intereses de los demás (NVI).¿Cuáles son las dos actitudes que no debes tener cuando sirves?

Actitud incorrecta #1 _____

Actitud incorrecta #2 _____

En lugar de estas dos actitudes, ¿cuál deberías tener?

Actitud correcta _____

Según estos versículos, ¿cómo sabes que estás sirviendo

con humildad? Dicho de otra manera, ¿cuáles son las señales de que estás sirviendo humildemente a otros?

_____

_____

_____

_____

¡Tienes un gran amigo en Jesús!

¿Ni siquiera estás muy seguro de que quieras servir? Si es así, comienza tomando la decisión de que harás algo cada vez que veas una necesidad o alguna tarea que necesite hacerse. Decide que no vas a esperar para ver si alguien lo va a hacer. Que tu reto personal sea ofrecerte a servir como voluntario en tu casa, en la escuela y en tu grupo de jóvenes en la iglesia. Abre tu corazón, tus ojos, tus manos… ¡y sirve!

Sobre todo, mira a Jesús. Él vino a la tierra con un estilo de vida distinto y un mensaje radical de humildad y servicio. Jesús definió la verdadera grandeza como el servicio a los demás, y luego fue ejemplo de esa definición. La misión de Jesús fue servir a otros y entregar su propia vida —para morir— por otros. Y eso fue justamente lo que Él hizo.

Ya que Jesús es tu amigo y tú eres su amigo, Él te pide y espera que sigas su ejemplo… que seas como Él. Jesús quiere que desarrolles un corazón de siervo y ayudes a otras personas ocupándote de sus necesidades de la misma manera en que Jesús, como tu amigo, se ocupa de las tuyas.

En este capítulo nos divertimos en la Palabra de Dios y aprendimos que Jesús fue un siervo durante todo el tiempo que estuvo en la tierra, y que Él quiere que sigas su ejemplo. También describimos todo lo que puedes hacer para desarrollar un corazón de servicio. En esta página, comenta sobre cada uno de los pasos que puedes tomar para ser un buen siervo. (Te ayudaré a empezar con el primer paso).

El servicio describe el ministerio de Jesús en la tierra.

E _____

R _____

E _____

I _____

P _____

E _____

Escribe algo que te haya gustado, que hayas aprendido o que quieras hacer para servir a otras personas ahora que sabes que Jesús es tu amigo y que te ayuda siempre que lo necesitas.

_____

_____

_____

_____

_____

_____

Una oración para hacer:

¡Por favor, ayúdame, Señor! Necesito tu ayuda ahora mismo para tomar la decisión de servir a otros. Quiero comenzar en casa, sirviendo a mis padres, y aun a mis hermanos y hermanas. Ayúdame a abrir mi corazón, mis ojos y mis manos para servir como tú serviste. Amén.

6

Jesús es un amigo que te entiende

¿Cuáles son las cualidades que más te gustan de tus amigos más cercanos? Estoy seguro de que podrías darme una lista larga. Y cuando piensas en tu mejor amigo, una cualidad que con toda seguridad sobresale es que él conoce y entiende prácticamente todo sobre ti. Él sabe cuál es tu equipo de fútbol favorito, tu pasatiempo favorito, tu sabor de helado favorito... y la lista sigue y sigue. Cuando ustedes dos están juntos, es como si fueran una sola persona. Se parecen en la forma de pensar y hasta en la forma de hablar. Esto pasa porque se conocen y se entienden mutuamente.

Pues bien, tu amigo Jesús es también esa clase de amigo. Él te conoce por dentro y por fuera mejor que nadie, y entiende todo lo que está pasando en tu vida. Por eso es un amigo tan extraordinario... como Él te conoce, puede reconocer los momentos cuando te sientes lastimado o tienes alguna necesidad.

Cuando leemos sobre la vida de Jesús, tal como la narran los Evangelios, notamos que Él tenía una habilidad especial para reconocer lo que la gente necesitaba. Era como si fuera su amigo más íntimo y cercano. Era algo así como tener un sexto sentido o un «radar para la gente». Jesús tenía el talento de observar y notar cuando algo faltaba o no estaba del todo bien. Él reconocía cuando las personas tenían alguna necesidad, y actuaba de inmediato para satisfacer esas necesidades.

¿Cómo podía Jesús reconocer tan bien las necesidades de otros? ¡Porque Él era Dios! Y al verlo en acción, podemos observarlo descubrir las necesidades de otras personas y hacer lo que hiciera falta para satisfacer esas necesidades. Aprendamos de Jesús mientras caminaba entre la gente de su época.

¡Diversión en la Palabra de Dios!

En el capítulo anterior, aprendimos sobre el servicio mediante el más grande de todos los siervos, nuestro amigo Jesús. Fue precisamente por medio del servicio que Él atendió las necesidades de las personas. En este capítulo aprenderemos más sobre cómo Jesús satisfizo las necesidades de los demás. En una palabra, Jesús era muy OBSERVADOR.

Ser observador significa estar al tanto de lo que te rodea. Por ejemplo, cuando los soldados reciben adiestramiento para la guerra, les dicen que estén al tanto de sus alrededores y que se mantengan en alerta ante lo que podría estar al acecho detrás de la roca o el árbol siguiente. Cuando los policías reciben entrenamiento, les piden que se mantengan al tanto de lo que está ocurriendo mientras manejan o caminan por las calles de su ciudad. Tienen que observar cuidadosamente todo lo que está a su alrededor. Y cuando tus padres te cuidan y velan por ti, ellos también son observadores. ¡A veces hasta sientes como si pudieran leer tu mente! Pero lo que está pasando realmente es que están siendo observadores.

Ser observador y comprensivo es parte de la naturaleza de Jesús. Como Dios, Él presta atención a todo y a todos. Y también conoce todo sobre ti. En cambio, para nosotros es difícil ser observadores. ¿Por qué? Porque somos egoístas. En lugar de buscar formas de entender y ayudar a otros, estamos demasiado ocupados pensando en nuestras propias necesidades.

No es fácil velar por otros ni atender a sus necesidades. Tenemos que adiestrarnos para ser observadores. Tenemos que desarrollar la capacidad para darnos cuenta cuando a un amigo le pasa algo. Ser observador te ayudará a reconocer cuando algo anda mal y tu amigo necesita ayuda. Vayamos a la Biblia y descubramos las maneras en que Jesús era observador y mostraba su comprensión.

Jesús sanó a los enfermos. Cuando Jesús estuvo en la tierra, no había hospitales, ni había muchos médicos ni medicinas. Muchos enfermos morían porque no se podía hacer nada por ellos. En la Biblia leemos de las muchas ocasiones en que Jesús prestó atención a los enfermos. Por ejemplo, un día Él se detuvo en la casa de su discípulo, Simón Pedro, y ayudó a una mujer enferma:

Después Jesús salió de la sinagoga con Santiago y Juan, y fueron a la casa de Simón y Andrés. Resulta que la suegra de Simón estaba enferma en cama con mucha fiebre. Se lo contaron a

Jesús de inmediato. Él se acercó a la cama, la tomó de la mano y la ayudó a sentarse. Entonces la fiebre se fue, y ella les preparó una comida (Marcos 1:29-31).

¿Quién estaba enferma? _____

¿Qué hizo Jesús? _____

_____

Por lo general, podemos reconocer fácilmente la enfermedad física. Cuando alguno de tus amigos se enferma, puedes notarlo porque no luce bien. Entiendes que tu amigo necesita ayuda, así que lo llevas a la oficina de la escuela o le cuentas a la maestra sobre su necesidad. Igual que Jesús, como amigo, estás presente para ayudar cuando alguien tiene un problema físico.

Jesús sintió compasión por los que sufrían. Jesús también prestó atención a los que estaban tristes. Lee sobre lo que ocurrió un día cuando Jesús se acercaba a una ciudad:

Cuando Jesús llegó a la entrada de la aldea, salía una procesión fúnebre. El joven que había muerto era el único hijo de una viuda, y una gran multitud de la aldea la acompañaba. Cuando el Señor la vio, su corazón rebosó de compasión. «No llores», le dijo. Luego se acercó al ataúd y lo tocó y los que cargaban el ataúd se detuvieron. «Joven —dijo Jesús—, te digo, levántate». ¡Entonces el joven muerto se incorporó y comenzó a hablar! Y Jesús lo regresó a su madre (Lucas 7:12-15).

¿Cómo sabes que Jesús sintió compasión por la mamá del joven que había muerto?

_____

_____

_____

Cuando ves a alguien con alguna necesidad, el resultado debe ser la compasión. En Lucas 7:12-15, cuando Jesús vio que la mujer había perdido a su hijo, «su corazón rebosó de compasión». Tener compasión es otra manera de decir que te sientes triste por la otra persona. Cuando ves a alguien que está sufriendo, te sientes mal o triste por esa persona. Y si hay algo que puedas hacer, la tristeza que sientes por ellos se convierte en acción y haces lo que esté a tu alcance para ayudar.

Jesús nunca se negó a ayudar a alguien. Para Jesús no existían prejuicios. Él trataba a todo el mundo de la misma manera. A fin de cuentas, ¡Él creó a todo el mundo! En una ocasión, Jesús y sus discípulos estaban de viaje y se detuvieron en un lugar llamado Samaria. (Puedes leer la historia completa en Juan 4). Los judíos y los samaritanos no se caían nada bien. Los judíos evitaban a los samaritanos y no querían saber nada de ellos.

Sin embargo, esto no impidió que Jesús hablara con una mujer samaritana que vino al pozo local a buscar agua. Él se preocupaba profundamente por todo el mundo… aun los que eran diferentes. Como Jesús era observador, se dio cuenta de que la mujer samaritana tenía una necesidad y le ofreció su ayuda. ¿Cómo reaccionaron los discípulos cuando lo vieron hablando con la mujer samaritana?

Justo en ese momento, volvieron sus discípulos. Se sorprendieron al ver que Jesús hablaba con una mujer (Juan 4:27).

¿Hay en tu escuela estudiantes de otros países, de otros estados o de otras ciudades? O tal vez son diferentes de otras maneras. A Jesús no le importaba de dónde fuera la persona, o si se veía, sonaba o se vestía diferente. Él estaba dispuesto a ayudar a todo el mundo. ¿Puedes pensar en algún chico en tu escuela o en tu vecindario que sea diferente y que necesite ayuda? Escribe algo que podrías hacer la semana entrante para tratar de comprender a otra persona.

Jesús amó a la gente que no era popular. Es fácil amar a la gente que te ama y a los que quieren ser tus amigos, o amar a los que lucen, actúan y se visten como tú. Pero ¿qué me dices de las personas que no son como tú? En la escuela, la mayoría esquiva a los estudiantes que son diferentes o que no son populares. Nadie muestra interés en comprenderlos ni conocerlos mejor.

¿Crees que Jesús se comportaría así? Ambos sabemos la

respuesta. De ninguna manera Él esquivaría a las personas que son diferentes. En Lucas 19:1-10, leemos que en una ocasión Jesús conoció a un hombre llamado Zaqueo. Este hombre era la persona *m-e-n-o-s* popular en el pueblo porque era un cobrador de impuestos. ¿Qué dijo e hizo Jesús cuando vio a Zaqueo sentado en un árbol?

> *Cuando Jesús pasó, miró a Zaqueo y lo llamó por su nombre: «¡Zaqueo! —le dijo—. ¡Baja enseguida! Debo hospedarme hoy en tu casa». Zaqueo bajó rápidamente y, lleno de entusiasmo y alegría, llevó a Jesús a su casa (Lucas 19:5-6).*

¿Qué dijo e hizo Jesús? _____

_____

_____

¿Qué hizo Zaqueo? _____

_____

Ahora lee lo que dijeron las personas alrededor de Jesús cuando escucharon que Él iría a casa de Zaqueo:

> *La gente estaba disgustada, y murmuraba: «Fue a hospedarse en la casa de un pecador de mala fama» (Lucas 19:7).*

_____

No es fácil extenderle la mano a gente distinta o que no es popular. Sin embargo, ellos también necesitan conocer a Jesús igual que Zaqueo. Jesús no está en tu escuela... pero tú sí. Tu amigo Jesús se fijó en ti y también se fijó en Zaqueo.

Es hora de que tú te fijes en otras personas. Cuando lo hagas, es posible que otros se molesten contigo, igual que algunos se molestaron con Jesús. Pero eso no debe importarte, pues estás siguiendo el ejemplo de Jesús. ¿Puedes pensar en alguien en la escuela, en tu vecindario o en tu equipo de fútbol a quien puedas acercarte esta semana y presentártele? Escribe su nombre: _____

Jesús entendió las necesidades espirituales. Jesús tenía una misión que cumplir cuando vino a la tierra. Según Lucas 19:10, ¿cuál era esa misión?

> *El Hijo del Hombre vino a buscar y a salvar a los que están perdidos.*

_____

De acuerdo con el siguiente versículo, ¿cómo Jesús describió a los perdidos?

> *Cuando vio a las multitudes, les tuvo compasión, porque estaban confundidas y desamparadas, como ovejas sin pastor* (Mateo 9:36).

_____

_____

¿Qué les dijo Jesús a sus discípulos que hacía falta para ayudar a estas personas sin pastor?

> *A sus discípulos les dijo: «La cosecha es grande, pero los obreros son pocos. Así que oren al Señor que está a cargo de la*

cosecha; pídanle que envíe más obreros a sus campos» (Mateo 9:37-38).

En Mateo 9:37-38, Jesús les estaba diciendo a sus discípulos que ellos y otros necesitaban ser como «obreros» que cosechan campos, y ayudar a los perdidos que necesitan conocer de Jesús. Lee Lucas 7:34 y fíjate y subraya cómo Jesús te anima a acercarte a los perdidos que necesitan a un Salvador.

El Hijo del hombre [era]... ¡amigo de cobradores de impuestos y de otros pecadores!

¿Cuál es el mensaje de amor y esperanza de Dios para los perdidos de aquel entonces y de hoy día según Juan 3:16?

Pues Dios amó tanto al mundo que dio a su único Hijo, para que todo el que crea en él no se pierda, sino que tenga vida eterna.

Tu amigo Jesús pasó su ministerio terrenal ayudando a la gente a conocer a Dios. Él entendió sus necesidades espirituales y se preocupó por ellas. Tú puedes seguir sus pasos buscando a tu alrededor personas que están tristes y sufriendo. ¿Conoces a algunos muchachos que parecen ovejas que no tienen un pastor? Estos son los chicos a quienes les puedes presentar a tu amigo Jesús. Ellos están perdidos espiritualmente y Jesús puede ayudarlos a encontrar la vida eterna.

¡Tienes un gran amigo en Jesús!

Una y otra vez, Jesús prestó atención a las necesidades de los demás y estuvo dispuesto a dar el primer paso para alcanzarlos y ayudarles. Muchas personas se acercaron a Jesús en busca de ayuda, y Él estuvo disponible y se las brindó. Jesús hasta salió en busca de los que necesitaban su mano amiga y sus palabras de aliento. ¿Y sabes qué? Jesús está cuidando de ti hoy. Él te observa y ve tus necesidades, y te provee para cada una de ellas. ¿Cómo lo hace?

Te ha dado padres que satisfacen tus necesidades físicas.

Te ha dado maestros en tu iglesia que se preocupan por tus necesidades espirituales.

Te ha dado la Biblia como un manual de instrucciones sobre cómo actuar. Y lo mejor de todo, como tu amigo…

Te ha dado su Espíritu para ayudarte a actuar como Él cada día de tu vida.

Una vez más, tienes que decir: «¡Tengo un gran amigo en Jesús!».

Jesús es un amigo que te entiende

En este capítulo nos divertimos en la Palabra de Dios y aprendimos que Jesús era **OBSERVADOR**. Él prestó atención a las necesidades de los demás todo el tiempo que vivió en la tierra, y nosotros deberíamos seguir su ejemplo. Para ayudarte a entender lo que significa atender a las necesidades de otros, escribe a continuación los puntos señalados en este capítulo. Te ayudaré con el primero.

Jesús sanó a los enfermos.

J_____

J_____

J_____

J_____

Escribe algo que te haya gustado, que hayas aprendido o que quieras hacer ahora que has visto a Jesús preocuparse por los demás y convertirse en su amigo.

_____

_____

_____

_____

_____

Una oración para hacer:

Querido Jesús, ayúdame a ser un verdadero amigo para otros, y permite que preste más atención y me preocupe más por las personas que tienen alguna necesidad. Por favor, dame más amor y valor para actuar y ayudar en cualquier manera que me sea posible. Amén.

7

Jesús es un amigo lleno de gracia y bondad

Jesús. Solo repite su nombre y es muy probable que las palabras gracia y bondad te vengan a la mente. Jesús fue una de las personas más bondadosas, amables y llenas de gracia que jamás haya existido. ¿No te alegras de que haya extendido la gracia maravillosa de su salvación a pecadores como tú y como yo?

En nuestra cultura hoy día, una persona bondadosa y llena de gracia es alguien que muestra respeto, honor y amabilidad hacia otros. Cuando miramos a Jesús, vemos que Él mostró una actitud bondadosa hacia todo el mundo. Esa misma actitud bondadosa y llena de gracia es la que Jesús quiere que practiques hacia otros… cuando compartas y hables con tus amigos, cuando te dirijas a tus maestros y otros adultos, y especialmente cuando hables e interactúes con tus padres.

¡Diversión en la Palabra de Dios!

En este capítulo veremos cómo nuestro amigo Jesús practicó una conducta bondadosa y llena de gracia. Como Jesús era perfecto, Él es un buen ejemplo a seguir. Sus acciones bondadosas nos enseñan cómo cumplir con la instrucción que Él nos dio: «sean bondadosos... unos con otros» (Efesios 4:32, NVI).

Jesús fue amable con sus palabras. Jesús era un maestro y los maestros deben enseñar. Según Lucas 4:16, ¿qué ocurrió en la ciudad natal de Jesús en una ocasión?

Cuando [Jesús] llegó a Nazaret, la aldea donde creció, fue como de costumbre a la sinagoga el día de descanso y se puso de pie para leer las Escrituras.

Después que leyó las Escrituras, Jesús se sentó para enseñarles a sus oyentes el significado de los versículos que había leído. ¿Cómo respondieron los que escucharon la lección de Jesús (versículo 22)?

Todos hablaban bien de él y estaban asombrados de la gracia con la que salían las palabras de su boca.

A Jesús lo reconocían tanto por sus palabras amables como por su sabiduría. Él no usaba halagos falsos ni exageración. Hoy día, tú representas a Jesús ante las personas que te rodean. ¿Cómo describirías la manera en que les hablas a tu familia y a tus amigos? He aquí algunas palabras que describen cómo las personas se hablan unas a otras.

amablemente   respetuosamente   irrespetuosamente

con indiferencia   afectuosamente   ofensivamente

Selecciona las palabras que mejor describen la forma en que normalmente les hablas a los demás. Puedes usar las palabras todas las veces necesarias para describir cómo les hablas a tus...

¿Amigos?_____

¿Maestros?_____

¿Otros estudiantes?_____

¿Tus hermanos y hermanas?_____

¿Tus padres?_____

Si eres sincero contigo mismo, tal vez te hayas dado cuenta de que no has sido tan bondadoso ni tan amable como deberías. Por eso esta lección sobre la bondad y la gracia debería ser útil.

Un pensamiento adicional: una persona amable usa palabras como «por favor» y «gracias». ¿Eres una persona amable? Si no es así, ¿qué te falta? ¿Qué cambios deberías hacer de inmediato?

_____

_____

Jesús fue amable con las personas. ¿Has estado alguna vez cerca de alguien que cometió un error y otra persona no perdió ni un segundo para señalar el error delante de otros? Es posible que hasta hayan usado palabras muy groseras como «idiota», «estúpido» o «imbécil». Quizá fuiste tú quien recibió los insultos. ¡Espero que no hayas sido tú el que dijo las groserías!

Lee en Lucas 10:38-42 sobre la visita que Jesús y sus doce discípulos les hicieron a sus amigos María, Marta y Lázaro. Marta estaba enojada porque su hermana María no la estaba ayudando en la cocina. En lugar de esto, María estaba escuchando a Jesús en otra habitación. En vez de regañarla o hablarle con dureza a Marta, Jesús le dijo:

> *Mi apreciada Marta, ¡estás preocupada y tan inquieta con todos los detalles! Hay una sola cosa por la que vale la pena preocuparse. María la ha descubierto, y nadie se la quitará* (versículos 41-42).

Jesús quería mostrarle amablemente a Marta que la verdadera prioridad de ella, la prioridad número uno —«la que vale la pena»—, era sentarse y escuchar las enseñanzas de Él.

Jesús estaba en la casa de Marta. Y ella se estaba perdiendo la oportunidad de escucharlo, adorarlo y aprender de Él. Sin embargo, Jesús no la regañó ni la menospreció; Él le enseñó y le recordó con amabilidad que su enfoque estaba en el trabajo en vez de estar en su adoración. ¿Qué quieres recordar de la respuesta de Jesús a Marta la próxima vez que alguien cometa un error o haga algo incorrecto?

_____

_____

_____

Jesús fue bondadoso y atento con las personas.
En la Biblia no hay ningún relato que presente a Jesús rechazando a alguien que se le acercara pidiéndole ayuda. Un ejemplo excelente de cómo Jesús respondía a la gente se encuentra en Mateo 20:31-34. Aquí leemos que dos mendigos ciegos comenzaron a gritar el nombre de Jesús mientras Él se dirigía a Jerusalén en la última semana de su vida aquí en la tierra. ¿Cómo la multitud trató a los ciegos?

> «¡Cállense!», les gritó la multitud. Sin embargo, los dos ciegos gritaban aún más fuerte: «¡Señor, Hijo de David, ten compasión de nosotros!» (versículo 31).

_____

_____

La multitud les dijo a estos ciegos que se callaran, que dejaran de gritarle a Jesús mientras Él pasaba por allí. Después de todo, Jesús se dirigía a Jerusalén y tenía que atender asuntos importantes. Sin embargo, lee los siguientes versículos y haz una lista de lo que Jesús hizo.

> Cuando Jesús los oyó, se detuvo y los llamó: —¿Qué quieren que haga por ustedes? —Señor —dijeron—, ¡queremos ver! Jesús se compadeció de ellos y les tocó los ojos. ¡Al instante pudieron ver! Luego lo siguieron (versículos 32-34).

Jesús _____

Jesús _____

Jesús _____

¿Quieres seguir el ejemplo de Jesús y ser bondadoso y atento con los demás? Comienza preguntándoles a tus padres: «¿Cómo puedo ayudarte hoy?». Luego, escribe aquí cómo pudiste ayudarles.

_____

_____

_____

Jesús mostró su bondad mediante el contacto físico. Cuando piensas en una persona bondadosa y llena de gracia, ¿cuál es, por lo general, la acción que muestra el interés y la preocupación de esa persona? Es el contacto físico, ¿cierto? Tal vez sea un abrazo. Una palmadita en la espalda. Y quizá hasta chocar los puños o las manos abiertas. Jesús sanó a muchas personas. Describe lo que Jesús hizo en cada una de estas situaciones:

Entonces Jesús puso nuevamente sus manos sobre los ojos del hombre y fueron abiertos. Su vista fue totalmente restaurada y podía ver todo con claridad (Marcos 8:25).

_____

_____

Jesús extendió la mano y lo tocó:
—Sí quiero —dijo—. ¡Queda sano!
Al instante, la lepra desapareció (Lucas 5:13).

Luego se acercó al ataúd y lo tocó y los que cargaban el ataúd se detuvieron. «Joven —dijo Jesús—, te digo, levántate». ¡Entonces el joven muerto se incorporó y comenzó a hablar! Y Jesús lo regresó a su madre (Lucas 7:14-15).

La próxima vez que tu hermano, tu hermana, o quizá tu mamá, tu papá o un amigo esté pasando un mal día, intenta seguir el ejemplo de Jesús y haz algún contacto físico. Ni siquiera tienes que decir una palabra. Sabrán con un simple toque que te preocupas por ellos.

Jesús fue bondadoso con la gente «de afuera».

Muchos de los judíos en la época de Jesús eran muy individualistas y orgullosos de sí mismos. No les interesaba relacionarse con personas que no lucieran o actuaran como ellos. Lee los siguientes versículos y explica qué hizo Jesús cuando se topó con personas «de afuera» ante los ojos del pueblo judío.

Entonces Jesús le dijo al oficial romano: «Vuelve a tu casa. Debido a que creíste, ha sucedido». Y el joven siervo quedó sano en esa misma hora (Mateo 8:13).

_____

_____

Esta mujer era extranjera, sirofenicia de nacimiento, y le rogaba que expulsara al demonio que tenía su hija... Jesús le dijo: —Por haberme respondido así, puedes irte tranquila; el demonio ha salido de tu hija (Marcos 7:26,29, NVI).

_____

_____

Poco después, llegó una mujer samaritana a sacar agua, y Jesús le dijo: —Por favor, dame un poco de agua para beber (Juan 4:7).

_____

_____

En estos y muchos otros versículos de la Biblia, Jesús fue bondadoso y extendió su gracia, a pesar de que estas personas eran distintas y «de afuera» para su propio pueblo. Escribe lo que puedes hacer esta próxima semana cuando entres en contacto con alguien que sea considerado «de afuera», aun por tus amigos.

_____

_____

_____

_____

¡Tienes un gran amigo en Jesús!

La bondad y la gracia de Jesús eran perfectas. Debido a su amor, Él era afectuoso, atento y amable. Él no mostraba su gracia y su bondad solo cuando le hacía falta. ¡No! Jesús era bondadoso y amable por naturaleza. Él mostraba genuinamente su gracia en todo momento.

¿Y sabes qué? Jesús no ha cambiado desde que vivió en esta tierra. Él es todavía esa persona amable y bondadosa que quiere ser tu amigo. Ahora Él te pide que seas tú el que tengas esta misma actitud —*su* actitud— hacia los demás. Y lo haces cuando tu corazón está lleno de su amor y de tu boca salen palabras bondadosas y llenas de gracia. ¿El resultado? La gente a tu alrededor se sentirá cómoda y bien atendida.

Y lo mejor de todo: tu bondad y tu gracia atraerá a otras personas a Jesús.

Jesús es un amigo lleno de gracia y bondad

En este capítulo nos hemos divertido mucho en la Palabra de Dios. Repasa otra vez lo especial que es tu amigo Jesús y escribe las maneras en las que Jesús les demostró a otros su **bondad** y su **gracia.**

Jesús fue amable con sus palabras.

J_____

J_____

J_____

J_____

Escribe algo que te haya gustado, que hayas aprendido o que quieras hacer ahora que descubriste que Jesús es un amigo que trata a las personas con gracia y bondad.

_____

_____

_____

_____

_____

_____

Una oración para hacer:

Señor de toda gracia y bondad, me siento agradecido por la gracia maravillosa que me demuestras todos los días. Has sido un gran ejemplo para mí. Te suplico que me ayudes a ser bondadoso con los demás y a extenderles tu gracia. Amén.

8

Jesús es un amigo generoso

¿**R**ecibes una mesada de tus padres o tal vez haces algunas tareas en la casa para ganar dinero? Si es así, probablemente entiendes lo fácil que es gastar ese dinero en ti y lo difícil que es dárselo a otros.

Pues bien, tu amigo Jesús es un modelo de generosidad y de un carácter desinteresado. Para comenzar la lista de lo que nos ha dado tan generosamente, piensa en que Él dejó su lugar de honor en el cielo para convertirse en hombre. Esto no significa que entregó sus poderes eternos. Más bien, quiere decir que escogió vivir en la tierra en obediencia a la voluntad del Padre. Él «se hizo pobre» cuando se convirtió en hombre porque sacrificó muchísimo (2 Corintios 8:9).

De hecho, Jesús explicó que *«los zorros tienen cuevas donde vivir y los pájaros tienen nidos, pero el Hijo del Hombre no tiene ni siquiera un lugar donde recostar la cabeza»* (Mateo 8:20). El sacrificio y la generosidad de Jesús al renunciar a todo, incluso a las comodidades de un hogar, tuvieron el propósito de que «mediante su pobreza pudiera [hacernos] ricos» al recibir su regalo de salvación y vida eterna (2 Corintios 8:9).

Ahora que sabes esto, es fácil entender que esa *generosidad*, tal como la define la vida y el carácter de Jesús, significa dar con sacrificio. Echemos un vistazo a la vida de Jesús en la tierra para tener una idea de cómo podemos imitar sus acciones. ¡Pero mucho ojo! Después de este estudio, tal vez tengas que aumentar tu nivel de generosidad quizá hasta el punto de sacrificar algunas cosas.

¡Diversión en la Palabra de Dios!

En este capítulo veremos cómo Jesús practicó la generosidad. Y como Jesús era perfecto, sus acciones nos muestran exactamente cómo ser generosos. Cada punto a continuación nos explica mejor cómo ser generosos y comienza con la palabra DAR.

Dar: Dios el Padre fue el primer ejemplo. En todo el Antiguo Testamento, desde Génesis hasta Malaquías, vemos al Padre como un Dios generoso y amoroso, dispuesto a dar. Por ejemplo...

Dios les dio vida a Adán y a Eva.

Dios salvó a Noé y a su familia, y los cuidó durante el diluvio.

Dios suplió maná para alimentar a su pueblo escogido en el desierto.

Dios le dio a su pueblo la Tierra Prometida para que fuera su hogar.

Dios le dio a David la promesa de un futuro rey; un Salvador que redimiría al hombre de su pecado.

Dios les dio visiones a los profetas sobre un Salvador que vendría: su Hijo amado.

Dios entregó a su Hijo unigénito: Jesús.

Dar: **Dios el Hijo fue el ejemplo máximo.** Sin duda alguna, Jesús es el mejor ejemplo de lo que es dar, pues Él nos hizo el regalo más grande al sacrificarse a sí mismo —al morir— para perdonar nuestros pecados y asegurarnos la vida eterna. ¿Qué aprendes sobre Jesús y lo que nos dio voluntariamente?

El Hijo del hombre no vino para que le sirvan, sino para servir y para dar su vida en rescate por muchos (Mateo 20:28, NVI).

<hr />

<hr />

Dar: **Debe hacerse con la actitud correcta.** ¿Recuerdas lo que muchos llaman «la historia de la Navidad» en la Biblia? Los sabios viajaron desde lejos para adorar al niño Jesús y traerle regalos. ¿Cuál fue la actitud de los sabios cuando le presentaron sus regalos a Jesús?

Entraron en la casa y vieron al niño con su madre, María, y se inclinaron y lo adoraron. Luego abrieron sus cofres de tesoro y le dieron regalos de oro, incienso y mirra (Mateo 2:11).

<hr />

<hr />

Lee a continuación 2 Corintios 9:7 y descubrirás lo que el apóstol Pablo escribió sobre dar y cuál debe ser la actitud de tu corazón cuando le das «regalos» a Dios.

Cada uno debe decidir en su corazón cuánto dar; y no den de mala gana ni bajo presión, «porque Dios ama a la persona que da con alegría» (2 Corintios 9:7).

No debes dar...

_____

_____

Debes dar con _____.

¿Cómo les responde Dios a los que dan con la actitud correcta?

_____

En el versículo que sigue, ¿qué descubres sobre la actitud de Jesús al entregar su vida como un sacrificio por nuestro pecado?

Debido al gozo que le esperaba, Jesús soportó la cruz, sin importarle la vergüenza que esta representaba. Ahora está sentado en el lugar de honor, junto al trono de Dios (Hebreos 12:2).

_____

Jesús se entregó a sí mismo voluntaria y alegremente como un sacrificio por el pecado... tu pecado. Ahora que sabes que Dios ama al que da con alegría, ¿cuál debería ser tu actitud cuando llega el momento de devolverle algo a Dios?

_____

_____

_____

_____

Dar: No tiene nada que ver con lo mucho o poco que posees. Jesús destacó esta verdad por medio de las acciones de una mujer extraordinaria. Lee su historia a continuación:

> *Jesús se sentó cerca de la caja de las ofrendas del templo y observó mientras la gente depositaba su dinero. Muchos ricos echaban grandes cantidades. Entonces llegó una viuda pobre y echó dos monedas pequeñas.*

> *Jesús llamó a sus discípulos y les dijo: «Les digo la verdad, esta viuda pobre ha dado más que todos los demás que ofrendan. Pues ellos dieron una mínima parte de lo que les sobraba, pero ella, con lo pobre que es, dio todo lo que tenía para vivir»* (Marcos 12:41-44).

¿Cuánto dinero dieron los ricos? _____

_____

¿Cuánto dinero dio la viuda pobre?

_____

¿Quién dio más, los ricos o la viuda? ¿Por qué?

_____

Jesús explicó que la viuda dio más que todos los demás. ¿Cómo era posible? Porque los demás «dieron de su riqueza» —con muy poco costo y sacrificio personal—, mientras que la viuda dio «de su pobreza». En comparación, ella había dado más que nadie... ¡ella dio todo lo que tenía para vivir!

Jesús también dio todo lo que tenía: su vida. ¿Qué puedes hacer esta semana para imitar el ejemplo de Jesús y la viuda? (Este sería un buen tema para considerar con tus padres).

_____

_____

Recuerda: lo importante no es *lo que tienes,* sino *lo que estás dispuesto a dar.* ¡Eso es lo importante para Dios!

Dar: Muestra dónde está tu corazón. El dar es un asunto del corazón. Los fariseos, un grupo de líderes religiosos en la época de Jesús, hacían todo un espectáculo cuando daban a los pobres. Sin embargo, Jesús enseñó que debemos hacer justo lo contrario cuando damos generosamente. Según Mateo 6:3-4, ¿cómo dijo Jesús que debemos dar a otros?

> *Cuando le des a alguien que pasa necesidad, que no sepa tu mano izquierda lo que hace tu derecha. Entrega tu ayuda en privado, y tu Padre, quien todo lo ve, te recompensará.*

_____

El dar a la manera de Dios muestra lo que hay realmente en tu corazón porque le estás dando a Dios y te aseguras de que nadie sepa lo que estás dando. ¿Cuál es el resultado de esto según el versículo 4?

Tu Padre, quien todo lo ve, te recompensará (versículo 4).

Dar: Te provee una cuenta de ahorros en el cielo. Cuando era más joven, mi papá me animó a depositar dinero en un banco local. Lo hice fielmente durante muchos años. Como puedes imaginarte, estaba realmente contando con ese dinero. ¡Con él podría comprarme muchísimas cosas! Lamentablemente, algo ocurrió y perdí todos mis ahorros. En su famoso Sermón del Monte, Jesús describió cómo puede pasarle esto a cualquier persona, incluso a ti:

> *No almacenes tesoros aquí en la tierra, donde las polillas se los comen y el óxido los destruye, y donde los ladrones entran y roban. Almacena tus tesoros en el cielo, donde las polillas y el óxido no pueden destruir, y los ladrones no entran a robar. Donde esté tu tesoro, allí estarán también los deseos de tu corazón* (Mateo 6:19-21).

En materia de dar, ¿qué piensas que Jesús quiso decir con su última oración: «*Donde esté tu tesoro, allí estarán también los deseos de tu corazón*» (versículo 21)?

El versículo 21 es un principio importante que debes recordar y memorizar. Aquí Jesús señala que dondequiera que estén tus pensamientos y tu tiempo allí estarán tus sentimientos: tu corazón.

Dar: No siempre se trata de dinero. En Lucas 10:29-36, Jesús contó la historia de un hombre que estaba de viaje y fue atacado y golpeado por unos ladrones. Dos personas vieron al hombre golpeado y siguieron de largo sin ayudarlo. Pero la tercera persona se detuvo. ¿Cómo ayudó al hombre herido?

> *Se le acercó y le alivió las heridas con vino y aceite de oliva, y se las vendó. Luego subió al hombre en su propio burro y lo llevó hasta un alojamiento, donde cuidó de él* (versículo 34).

_____

_____

_____

_____

Tal vez no tengas mucho dinero para cubrir las necesidades de otros en este momento, pero puedes ser un dador ofreciéndoles tu ayuda en la casa a tu mamá, tu papá, tus hermanos y hermanas, o a un amigo que esté atravesando un momento difícil. Lo único que te costará será tu tiempo... ¡pero qué gran regalo!

¿Puedes imaginarte tenerlo todo y estar dispuesto a entregarlo todo? Jesús hizo exactamente eso, lo que prueba lo mucho que tu amigo Jesús te ama: «*No hay un amor más grande que el dar la vida por los amigos*» (Juan 15:13). Si quieres parecerte a Jesús, tienes que dar. Nadie puede dar más que Dios, pero si eres amiga de Jesús, querrás seguir su ejemplo y dar para la obra de Dios y para las necesidades de otros. Hoy Jesús te repite lo que les dijo a sus discípulos: «*¡Den tan gratuitamente como han recibido!*» (Mateo 10:8).

Tu casa es un buen lugar para comenzar a dar. A tu edad, posiblemente no tengas mucho dinero, pero puedes dar de otras maneras. Por ejemplo, puedes dar a tus padres el regalo de la obediencia. Cada día, piensa que estás ofreciendo tu vida para servir a Jesús cuando haces lo que tus padres quieren que hagas. De hecho, Dios ordena: «*Hijos, obedezcan a sus padres porque ustedes pertenecen al Señor, pues esto es lo correcto*» (Efesios 6:1). Y asegúrate de hacerlo con la actitud correcta. Además, tampoco olvides a tus hermanos y hermanas. Todo el mundo necesita algo de ayuda y de ánimo.

En este capítulo nos hemos divertido mucho en la Palabra de Dios. Repasa otra vez lo especial que es tu amigo Jesús y escribe los puntos que te demuestran lo **generoso** que Él fue con los demás. He aquí un ejemplo:

Dar: Dios el Padre fue el primer ejemplo.

Dar: _____

Dar: _____

Dar: _____

Dar: _____

Dar: _____

Dar: _____

Escribe algo que te haya gustado, que hayas aprendido o que quieras hacer ahora que descubriste que Jesús es un amigo generoso.

_____

_____

_____

_____

Una oración para hacer:

Señor Jesús, gracias por darme el mejor regalo de todos cuando te sacrificaste para pagar por mis pecados. Ayúdame a convertirme en un dador generoso como tú. Amén.

9

Jesús es un amigo fiel

Es muy probable que no conozcas a muchas personas que sean verdaderamente fieles. Algo en nosotros se inclina a la pereza, a dejarlo todo para más tarde, a esperar un poco más o a tomar un atajo. ¡Pero Jesús no era así!

Jesús fue fiel al propósito de Dios. Él vino a la tierra por una razón y declaró: «*Mi alimento consiste en hacer la voluntad de Dios, quien me envió, y en terminar su obra*» (Juan 4:34). La tarea de Jesús era vivir y morir como el sacrificio perfecto por los pecados del hombre.

Sin embargo, a medida que Jesús seguía haciendo bien a la gente y alimentando a las multitudes, sus seguidores se convirtieron en miles de personas. El pueblo tenía en mente un propósito distinto para Jesús, especialmente después que lo vieron alimentar a más de cinco mil hombres y posiblemente también a sus familias. Ellos querían que Jesús fuera su líder y que les proveyera alimento con regularidad. (Puedes leer la historia completa en Juan 6:22-33).

Sin embargo, a pesar de las muchas distracciones, y los deseos y exigencias de la gente, Jesús se mantuvo fiel al plan de Dios y dijo a las multitudes: «*He descendido del cielo para hacer la voluntad de Dios, quien me envió, no para hacer mi propia voluntad [ni tampoco la voluntad de la multitud]»* (Juan 6:38).

¡Diversión en la Palabra de Dios!

Para seguir fielmente a Jesús, tendrás que hacerte esta pregunta: «¿Estoy dispuesto a escuchar a Jesús y no a "ellos"… las voces de mis amigos, de otros estudiantes en la escuela o amigos en mi vecindario, la gente popular, la televisión, las revistas y la letra de las canciones?».

Si todavía no has hecho el compromiso de ser fiel a Jesús, ¡este es el momento! Para hacerlo, repite estas palabras en tu corazón: «Jesús, estoy dispuesto a seguir tus pasos y serte fiel, independientemente de lo que otros puedan decirme o hacerme».

Para ayudarte a cumplir tu compromiso de ser fiel, usaremos las palabras LA FIDELIDAD en este capítulo para mostrarte cómo tu amigo Jesús fue fiel en todo.

La **fidelidad comienza con Dios el Padre.** La Biblia nos habla sobre la fidelidad de Dios. Escribe lo que dicen los versículos a continuación sobre la fidelidad de Dios.

¡El fiel amor del Señor nunca se acaba! Sus misericordias jamás terminan. Grande es su fidelidad; sus misericordias son nuevas cada mañana (Lamentaciones 3:22-23).

_____

_____

Pues tu amor inagotable es tan alto como los cielos; tu fidelidad alcanza las nubes (Salmos 57:10).

He aquí otras maneras en las que Dios ha mostrado su gran fidelidad:

Él fue fiel al vestir a Adán y a Eva después que lo desobedecieron (Génesis 3:21).

Él fue fiel al prometer un Salvador (Génesis 3:15).

Él fue fiel al ampliar su promesa inicial de enviar un Salvador (Isaías 9:6).

Él fue fiel al cumplir su promesa cuando Jesús —el unigénito Hijo de Dios— nació como Salvador (Lucas 2:11).

Él fue fiel al mostrarnos un modelo divino de su propia naturaleza mediante la vida y ministerio de Jesús cuando caminó entre nosotros como Dios hecho hombre (Juan 1:14).

La fidelidad es un rasgo característico del Hijo. Día a día, hasta el final de su vida terrenal, Jesús cumplió con fidelidad el propósito que Dios había establecido para Él. La noche antes de su muerte, Jesús afirmó su fidelidad al Padre. ¿Con cuánta fidelidad cumplió Jesús su misión?

Yo te di la gloria aquí en la tierra, al terminar la obra que me encargaste (Juan 17:4).

_____

¿Qué tareas tus padres te han pedido que hagas esta semana? Escríbelas aquí:

_____

_____

_____

_____

Ahora, marca las que puedes decir: «He terminado la tarea que me encargaron».

La fidelidad era evidente en las oraciones de Jesús. Él también fue fiel en sus oraciones; o dicho de otra forma, en sus conversaciones con Dios el Padre. La oración era una manera primordial para Jesús comunicarse con el Padre y recibir su dirección. ¿Qué hizo Jesús en medio de una vida muy ocupada?

A la mañana siguiente, antes del amanecer, Jesús se levantó y fue a un lugar aislado para orar (Marcos 1:35).

_____

¿Qué hizo Jesús cuando tenía que tomar una decisión importante?

Jesús subió a un monte a orar y oró a Dios toda la noche. Al amanecer, llamó a todos sus discípulos y escogió a doce de ellos para que fueran apóstoles (Lucas 6:12-13).

¿Qué hizo Jesús ante la preocupación de que Satanás estuviera atacando espiritualmente a sus discípulos?

Simón, Simón, Satanás ha pedido zarandear a cada uno de ustedes como si fueran trigo; pero yo he rogado en oración por ti, Simón, para que tu fe no falle (Lucas 22:31-32).

¿Qué está haciendo Jesús ahora mismo en el cielo?

Cristo Jesús murió por nosotros y resucitó por nosotros, y está sentado en el lugar de honor, a la derecha de Dios, e intercede [ora] por nosotros (Romanos 8:34).

Jesús fue fiel en la oración cuando estuvo en la tierra, e incluso ahora mientras está en el cielo, Él sigue orando fielmente por ti. ¿Qué te enseña la fidelidad de Jesús en la oración acerca de orar fielmente?

La fidelidad es señal de devoción. ¿Puedes imaginarte el último día de Jesús; el día en que fue clavado a la cruz? Fue el peor de todos los días en la tierra. No obstante, un grupo de mujeres fieles que viajaba frecuentemente con Jesús y lo apoyaban de distintas formas, estuvieron presentes el día de su crucifixión y muerte. Estas mujeres se quedaron con Él aun al pie de la cruz. Fueron fieles hasta el final, mientras que los discípulos de Jesús no pudieron lidiar con lo que estaba ocurriendo. Todos los discípulos huyeron, excepto Juan. ¿Qué hizo este grupo de mujeres fieles tres días después de la muerte de Jesús?

El sábado al atardecer, cuando terminó el día de descanso, María Magdalena, Salomé y María, la madre de Santiago, fueron a comprar especias para el entierro, a fin de ungir el cuerpo de Jesús. El domingo por la mañana muy temprano, justo al amanecer, fueron a la tumba (Marcos 16:1-2).

A pesar de que estas mujeres habían sido testigos de una gran tragedia y se exponían a muchísimo peligro, ellas fueron fieles hasta el final, y llevaron especias para preparar apropiadamente el cuerpo de Jesús para la tumba.

¿Cómo la fiel devoción de estas mujeres te anima a ser fiel en tu devoción por Jesús?

La fidelidad formó parte del ministerio de Jesús a sus discípulos. Jesús fue fiel en proteger a sus discípulos mientras estuvo físicamente con ellos. ¿Qué le pidió Jesús al Padre en oración la noche antes de su muerte?

Ninguno se perdió sino aquel que nació para perderse [Judas], a fin de que se cumpliera la Escritura (Juan 17:12, NVI).

La promesa de Jesús de proteger a sus discípulos continúa para ti y para todo el que ponga su fe y confianza en Él. Subraya cada promesa que Jesús hizo en Juan 10:28-29 sobre mantenerte seguro.

Les doy vida eterna, y nunca perecerán. Nadie puede quitármelas, porque mi Padre me las ha dado, y él es más poderoso que todos. Nadie puede quitarlas de la mano del Padre.

Dedica un momento para elevar una oración silenciosa de agradecimiento a Jesús por cuidarte fielmente.

La fidelidad comienza con la familia. Jesús era fiel a su familia. La lealtad es una cualidad poco común, ya sea hoy día o en la época de Jesús. ¿Qué te dice el siguiente versículo sobre la lealtad de Jesús hacia su familia a los doce años de edad?

Luego regresó con sus padres a Nazaret, y vivió en obediencia a ellos (Lucas 2:51).

Aun al final de su vida, Jesús fue fiel en respetar y cuidar de María, su mamá. Desde la cruz, Jesús vio a su mamá y a su discípulo Juan, y le pidió a este que cuidara de María. En pocas palabras, ¿qué hizo Juan de acuerdo con Juan 19:26-27?

Cuando Jesús vio a su madre al lado del discípulo que él amaba, le dijo: «Apreciada mujer, ahí tienes a tu hijo». Y al discípulo le dijo: «Ahí tienes a tu madre». Y, a partir de entonces, ese discípulo la llevó a vivir a su casa.

_____

_____

Obedecer a tus padres es un acto de fidelidad. De hecho, es un mandato del Señor: *«Hijos, obedezcan a sus padres porque ustedes pertenecen al Señor, pues esto es lo correcto»* (Efesios 6:1).

¡Tienes un gran amigo en Jesús!

Siendo un joven cristiano, es imprescindible que la fidelidad sea una cualidad que te describa y que resplandezca en tu vida. Cuando eres fiel, demuestras que eres nacido de Dios y que le perteneces a Él por medio de su Hijo. El corazón de Jesús estaba fielmente comprometido en hacer la voluntad del Padre. Él también fue fiel a sus discípulos, a su familia y a otros, y oraba fielmente por ellos. Y ahora, Él está orando fielmente por *ti* y cuidando de *ti*, su amigo.

Cuando caminas en fidelidad, imitas a tu leal Salvador.

También das los frutos que demuestran que Cristo vive en ti. Tu familia es bendecida cuando puede depender de ti y confiar en ti..

En este capítulo hemos visto muchos ejemplos de la fidelidad de Jesús. La buena noticia es que tú puedes desarrollar la misma fidelidad que Jesús mostró. Puedes desarrollar una fidelidad que sigue hasta el final, que cumple con sus responsabilidades, que hace acto de presencia y que cumple su palabra y sus compromisos.

Si esto te parece imposible o una subida demasiado empinada, da el primer paso: Ora y pídele ayuda a Dios. Y luego, comienza poco a poco... con cosas pequeñas. Cuenta con las fuerzas de Jesús. En Él, todo es posible, incluso el ser fiel (Filipenses 4:13). Pídele también a Dios que te ayude a deshacerte de la vagancia y a cumplir con el propósito principal que Él tiene para ti: que seas «*[fiel] en todo lo que [hagas]*» (1 Timoteo 3:11).

En este capítulo nos hemos divertido mucho en la Palabra de Dios. Repasa otra vez lo especial que es tu amigo Jesús, y escribe lo que aprendimos sobre **LA FIDELIDAD** de Jesús.

La fidelidad comienza con Dios el Padre.

La fidelidad _____

La fidelidad _____

La fidelidad _____

La fidelidad _____

La fidelidad _____

Escribe algo que te haya gustado, que hayas aprendido o que quieras hacer ahora que descubriste que Jesús es un amigo fiel.

_____

_____

_____

_____

_____

Una oración para hacer:

Señor Jesús, ayúdame cada día a ser tan fiel como tú. Quiero hacer lo que digo que voy a hacer. Quiero terminar lo que empiezo, comenzando en casa, con mi familia y con mis amigos. Amén.

10

Jesús es un amigo sabio

De todas las cualidades que hemos estudiado en este libro, la sabiduría debe ser una de las más importantes que debes buscar en un amigo. ¿Por qué? No sé si es tu caso, ¡pero la mayoría de mis amigos cometen tantos errores como yo! Así que es bueno tener un amigo como Jesús, que nos muestra el camino y nos enseña cómo tomar mejores decisiones.

Una vez más, Jesús nos muestra el camino. Toda su vida es un ejemplo perfecto de sabiduría. ¿Quién mejor para enseñarnos de sabiduría que Jesús, la persona más sabia que jamás haya vivido? De hecho, Jesús es la sabiduría. Como Dios, tenía el conocimiento perfecto. Por lo tanto, Él hizo todo con sabiduría perfecta. Y cuando Jesús estuvo en la tierra, Él tomó todas las decisiones correctas. ¿No te parece que es muy bueno tener un amigo así?

¿Qué es la sabiduría? La ves en…

las decisiones que tomas,

en tu manera de actuar y

en las palabras que dices.

Esto es la verdadera sabiduría. En resumen, la sabiduría es la aplicación correcta del conocimiento. Una buena meta para ti es aprender a desarrollar la sabiduría que necesitas; la sabiduría que te ayuda a parecerte más a Jesús, no solo en tu forma de vivir, sino también en las decisiones que tomas.

¡Diversión en la Palabra de Dios!

¿Cómo puedes desarrollar sabiduría? O dicho de otra manera, ¿cómo puedes parecerte más a Jesús y tomar decisiones correctas más a menudo?

Para contestar estas preguntas, volvamos a mirar la vida de Jesús… especialmente sus acciones sabias.

El comienzo de la sabiduría es Jesús. Desde el principio de este libro, hemos estado hablando sobre ser amigos de Jesús, y ahí precisamente es que comienza la verdadera sabiduría. Desde el momento que aceptas a Jesús como tu Salvador y amigo, comienzas una nueva vida: la vida de tu amigo Jesús. Eso fue lo que descubrió Nicodemo, un maestro en Israel. Él se acercó a Jesús porque quería conocer más sobre Él. ¿Qué le dijo Jesús a Nicodemo sobre la verdad y la sabiduría?

Jesús le respondió: —Te digo la verdad, a menos que nazcas de nuevo, no puedes ver el reino de Dios (Juan 3:3).

Lo que era cierto en el caso de Nicodemo también es válido para ti: tienes que nacer de nuevo. La sabiduría es conocer al Dios de toda sabiduría: Jesús.

¿Qué dos cambios ocurren en tu vida cuando aceptas a Cristo como tu Salvador?

Todo el que pertenece a Cristo se ha convertido en una persona nueva. La vida antigua ha pasado; ¡una nueva vida ha comenzado! (2 Corintios 5:17).

#1 _____

_____

#2 _____

_____

El maestro de la sabiduría es el Espíritu Santo. Cuando Jesús estuvo en la tierra, cada una de sus acciones fue sabia. Él también les enseñó sabiduría a las personas que lo escuchaban. ¡Él era la máxima fuente de sabiduría! Cuando Jesús comenzó a hablar sobre dejar a los discípulos, estos se preocuparon mucho. ¿Qué dijo Jesús que haría para que a los discípulos nos les faltara su sabiduría cuando Él regresara al cielo?

Cuando venga el Consolador [el Espíritu Santo], que yo les enviaré de parte del Padre, el Espíritu de verdad que procede del Padre, él testificará acerca de mí (Juan 15:26, NVI).

_____

¿Cómo se llamaba «el Consolador»; el que testificaría acerca de Jesús?

Jesús lo llamó el Espíritu de _____

Según los siguientes versículos, ¿cuál es la misión del Espíritu Santo en la vida de un creyente?

Cuando venga el Espíritu de verdad, él los guiará a toda la verdad (Juan 16:13).

El Espíritu Santo te _____

_____

Le pedimos a Dios que les dé pleno conocimiento de su voluntad y que les conceda sabiduría y comprensión espiritual (Colosenses 1:9).

El Espíritu Santo te dará

_____

El manual de la sabiduría es la Biblia. Comienzas a andar en el camino de la sabiduría verdadera cuando Jesús se convierte en tu Salvador y amigo personal. En ese momento también recibes el poder, la dirección y la sabiduría del Espíritu Santo. Pero eso no es todo lo que necesitas para vivir toda una vida tomando decisiones correctas. Necesitas la sabiduría de Jesús que viene de conocer su Palabra, la Biblia.

¿Qué dice el salmista que ocurre cuando lees y meditas en las enseñanzas de la Biblia?

¡Oh, cuánto amo tus enseñanzas [la Biblia]! Pienso en ellas todo el día. Tus mandatos me hacen más sabio que

mis enemigos, pues me guían constantemente (Salmos 119:97-98).

Tus mandatos

_____

Tus mandatos

_____

Conocer a Jesús mediante la lectura de la Biblia te dará el conocimiento que necesitas para tomar decisiones sabias, para actuar mejor y para hablar con sabiduría. Jesús tiene un plan para tu vida. A medida que lees la Biblia, vas creciendo en sabiduría y esto te prepara para el propósito que Jesús tiene para ti.

El camino a la sabiduría requiere oración. Jesús, quien era Dios hecho hombre, buscó constantemente la sabiduría del Padre por medio de la oración. ¿Qué estaba haciendo Jesús en el huerto de Getsemaní como preparativo antes de comenzar su camino a la cruz?

> *Él se adelantó un poco más [lejos de sus discípulos] y se inclinó rostro en tierra mientras oraba: «¡Padre mío!... hágase tu voluntad»* (Mateo 26:39, 42).

_____

_____

Lee las instrucciones de Jesús sobre la oración en Mateo 7:7 (NVI).

Pidan, y se les dará;

Busquen, y encontrarán;

Llamen, y se les abrirá.

Según el versículo 8, ¿cuál es el resultado de estas acciones?

Porque todo el que pide, recibe; el que busca, encuentra; y al que llama, se le abre (NVI).

El que pide, _____

El que busca, _____

Al que llama, _____

Lee el consejo que da Santiago 1:5 sobre cómo obtener sabiduría:

Si a alguno de ustedes le falta sabiduría, pídasela a Dios, y él se la dará, pues Dios da a todos generosamente sin menospreciar a nadie (NVI).

¿Cuándo debes pedir sabiduría?

_____

¿A quién debes pedirle sabiduría?

_____

¿Cómo se describe a Dios?

_____

_____

¿Cuál es la promesa y el resultado de pedir sabiduría?

_____

_____

La sabiduría está disponible para ti cuando oras... ¡cuando la pides! No importa lo que esté pasando en tu día —independientemente de lo malas o complicadas que estén las cosas— pídele ayuda a Dios. Cada vez que tengas que tomar una decisión, detente un minuto y consulta con Dios. Pídele su ayuda y su sabiduría.

El crecimiento en la sabiduría es continuo. Jesús era la sabiduría en el cuerpo de un hombre. Él era Dios. Sin embargo, Él escogió crecer como los demás niños cuando estuvo en la tierra. ¿Qué dice el siguiente versículo sobre el crecimiento humano y normal de Jesús; sobre las cuatro áreas en las que Él creció?

Jesús crecía en sabiduría y en estatura, y en el favor de Dios y de toda la gente (Lucas 2:52).

Jesús creció en _____

Jesús creció en _____

Jesús creció en _____

Jesús creció en _____

Jesús creció mental, espiritual y socialmente, y en sabiduría. Y tú necesitas hacer lo mismo y pasar por el mismo proceso de crecimiento que pasó Jesús. La sabiduría no llega de la noche a la mañana. Sin embargo, la buena noticia es que puedes acelerar el crecimiento si te pones como meta alcanzar la sabiduría. ¿Cómo puedes hacer que esto ocurra? Estos versículos del libro de Proverbios te dicen cómo. Subraya cualquier cosa que pueda ayudarte a crecer en sabiduría, según el ejemplo de Jesús.

La recompensa de la sabiduría

Alegre es el que encuentra sabiduría, el que adquiere entendimiento. Pues la sabiduría da más ganancia que la plata y su paga es mejor que el oro (Proverbios 3:13-14).

La fuente de la sabiduría

El comienzo de la sabiduría es el temor del Señor (Proverbios 9:10, NVI).

El esfuerzo de encontrar la sabiduría

Si la buscas [la sabiduría] como a la plata, como a un tesoro escondido, entonces comprenderás el temor del Señor y hallarás el conocimiento de Dios (Proverbios 2:4-5, NVI).

La importancia de confiar en la sabiduría de Dios

Confía en el Señor con todo tu corazón; no dependas de tu propio entendimiento. Busca su voluntad en todo lo que hagas, y él te mostrará cuál camino tomar (Proverbios 3:5-6).

¡Tienes un gran amigo en Jesús!

¿No te parece fantástico tener un amigo como Jesús que siempre está disponible para ti? Jesús siempre sabe qué es lo correcto, y Él te lo dejará saber siempre que le pidas su consejo y su sabiduría.

Ya que Jesús era perfecto, Él tomaba decisiones perfectas. Lamentablemente, ese no siempre será tu caso. Es muy probable que ya sepas que cuando tratas de hacer las cosas a tu manera… no te sale bien. Pero cuando decides ser amigo de Jesús, y buscas su consejo leyendo tu Biblia, orando por su ayuda y pidiendo también la ayuda de tus padres, encontrarás la sabiduría que necesitas. Estarás seguro de que es sabiduría porque:

Comenzarás a ver la vida desde la perspectiva de Jesús.

Comenzarás a escoger mejores maneras de actuar.

Te sentirás feliz con los resultados de la sabiduría que estás aplicando, y lo mismo les pasará a las otras personas en tu vida.

Cometerás menos errores, tanto en tu conducta como en tus decisiones. Y lo más importante,

Te comportarás más y más como tu amigo Jesús.

Jesús es un amigo sabio

En este capítulo nos hemos divertido mucho en la Palabra de Dios. Repasa otra vez lo especial que es tu amigo Jesús y escribe los puntos que te demuestran cómo seguir a Jesús por el camino de la **sabiduría**. (Te ayudaré a empezar con el primer punto).

El comienzo de la sabiduría es Jesús _____

El maestro de la sabiduría es _____

El manual de la sabiduría es _____

El camino a la sabiduría requiere _____

El crecimiento en la sabiduría es _____

Escribe algo que te haya gustado, que hayas aprendido o que quieras hacer para crecer en sabiduría... ¡como Jesús!

_____

_____

_____

_____

_____

Una oración para hacer:

Señor Jesús, te doy las gracias por darme el ejemplo a seguir, pues tú creciste en sabiduría, caminaste en sabiduría, hablaste con sabiduría y viviste con sabiduría. Me siento feliz porque me muestras y me enseñas cómo ser más sabio. Ayúdame a pedir y a buscar tu sabiduría en todas las decisiones que tome. Amén.

Guía de un joven para descubrir su Biblia

JIM GEORGE

Autor de *Un joven conforme al corazón de Dios*

Tentaciones. Presión social. Aceptación. Un aumento de responsabilidades. La relación con sus padres. Los amigos. Y las chicas.

Los adolescentes pueden aprender mucho de las vidas y aventuras de los personajes bíblicos. La Palabra de Dios puede realmente cambiar su vida. Pero eso no sucederá hasta que decidan conocer mejor la Biblia.

Este libro les explicará cómo hacerlo. Descubrirán lo que dice la Biblia y será su guía personal para todo lo que hacen. El reconocido autor Jim George les ofrece muchas ideas ingeniosas para el estudio bíblico y la aplicación práctica.

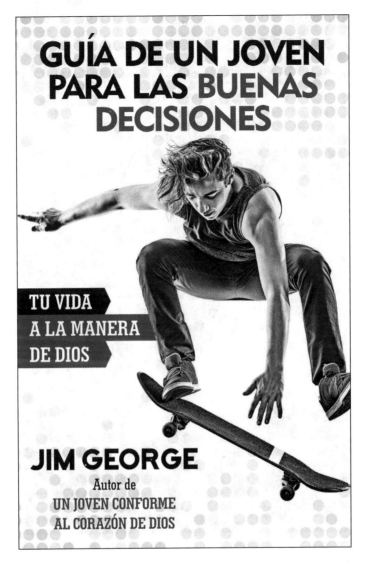

GUÍA DE UN JOVEN PARA LAS BUENAS DECISIONES

TU VIDA A LA MANERA DE DIOS

JIM GEORGE
Autor de
UN JOVEN CONFORME AL CORAZÓN DE DIOS

En este libro, Jim George se centra en todos los momentos culminantes en la vida de un joven: las cosas que más importan. El joven aprenderá...

- por qué la oración y la lectura de la Biblia son tan esenciales
- qué cosas forman parte de la mejor clase de amistades
- cómo resistir la tentación y la presión de grupo
- cómo mantener perspectivas sanas y bíblicas sobre las citas con chicas y la pureza

Los jóvenes llegarán a adquirir las habilidades que necesitan para tomar buenas decisiones en respuesta a todos los retos que les salgan al paso.

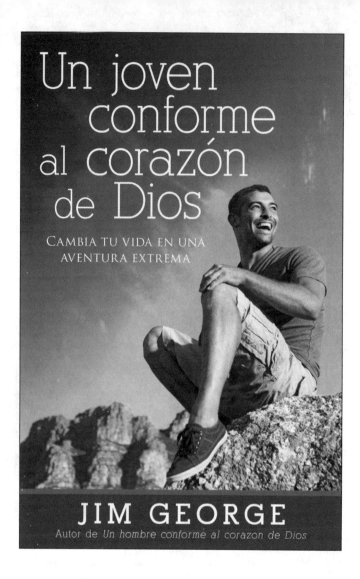

Un joven conforme al corazón de Dios

CAMBIA TU VIDA EN UNA AVENTURA EXTREMA

JIM GEORGE

Autor de *Un hombre conforme al corazon de Dios*

Jim George, autor del conocido libro: *Un hombre conforme al corazón de Dios*, lleva a los jóvenes en un viaje radical de la fe. Ayuda a los jóvenes a convertirse en hombres que honran a Dios en todo lo que hacen. Una herramienta para la escuela dominical, grupos de estudio bíblico de jóvenes o para todo joven lector interesado en crecer en su vida espiritual.

E D I T O R I A L
PORTAVOZ

NUESTRA VISIÓN

Maximizar el efecto de recursos cristianos de calidad que transforman vidas.

NUESTRA MISIÓN

Desarrollar y distribuir productos de calidad —con integridad y excelencia—, desde una perspectiva bíblica y confiable, que animen a las personas a conocer y servir a Jesucristo.

NUESTROS VALORES

Nuestros valores se encuentran fundamentados en la Biblia, fuente de toda verdad para hoy y para siempre. Nosotros ponemos en práctica estas verdades bíblicas como fundamento para las decisiones, normas y productos de nuestra compañía.

Valoramos la excelencia y la calidad
Valoramos la integridad y la confianza
Valoramos el mérito y la dignidad de los individuos y las relaciones
Valoramos el servicio
Valoramos la administración de los recursos

Para más información acerca de nuestra editorial y los productos que publicamos visite nuestra página en la red: www.portavoz.com